PRAY ON. 기도의 불을 켜라

PRAY ON

기도의 불을 켜라

지은이 | 김병삼
초판 발행 | 2020년 5월 13일
3쇄 | 2020년 9월 4일
등록번호 | 제1988-000080호
등록된 곳 | 서울특별시 용산구 서빙고로65길 38 두란노빌딩
발행처 | 사단법인 두란노서원
영업부 | 2078-3352 FAX 080-749-3705
출판부 | 2078-3331
책 값은 뒤표지에 있습니다.
ISBN 978-89-531-3757-8 03230
편집부에서 독자의 의견을 기다립니다.
tpress@duranno.com   http://www.Duranno.com

두란노서원은 바울 사도가 3차 전도여행 때 에베소에서 성령 받은 제자들을 따로 세워 하나님의 말
씀으로 양육하던 장소입니다. 사도행전 19장 8-20절의 정신에 따라 첫째 목회자를 돕는 사역과 평신
도를 훈련시키는 사역, 둘째 세계선교(TIM)와 문서선교 (단행본·잡지) 사역, 셋째 예수문화 및 경배와 찬양
사역, 그리고 가정·상담 사역 등을 감당하고 있습니다. 1980년 12월 22일에 창립된 두란노서원은 주
님 오실 때까지 이 사역들을 계속할 것입니다.

PRAY ON

기도의 불을 켜라

김병삼

지음

◆ 치유기도

◆ 청원기도

◆ 회개기도

◆ 침묵기도

◆ 중보기도

◆ 금식기도

◆ 감사와 찬양기도

40th 두란노

프롤로그

코로나19 바이러스는 교회의 문을 닫게 만들었고
성도들의 모임을 멈추게 했습니다.
어쩔 수 없는 상황 속에서 교회는 뿔뿔이 흩어졌고,
우리는 각자의 자리에서 예배하고
기도하는 수밖에 없었습니다.
매번 특별기도회 때면 수천 명이 한자리에 모여
부르짖고 찬양하던 우리 공동체의 모습을, 갑작스럽게
찾아온 불청객으로 인해 잃어버렸습니다.

그때! 기도의 불을 켜야겠다는 마음을 주셨습니다.
얼굴을 마주하지 못하고 외롭게 성전에서
온라인으로 기도회를 인도할 때,
하나님이 놀라운 깨달음을 주셨습니다.
이전에는 모든 이들이 한 곳, 교회에 모여 기도했는데,
이제는 모든 이들이 흩어져 기도하는 곳이
바로 교회가 되었습니다.

그때 하나님이 놀라운 환상을 보게 하셨습니다.
흩어진 수천 개의 교회에서 기도하는 성도들의
능력을 말입니다.

Pray On.
그래서 기도의 불을 켜기 시작했습니다.
함께 모일 수 없어 연약한 것이 아니라 흩어진 곳곳에
서 강력하게 합심하여 기도의 힘을 모으는 놀라운 경
험이 있었습니다.
모일 수 있든 없든, 우리가 서 있는 각자의 자리에서
기도의 불을 켤 때입니다.
우리의 자리가 교회임을 믿으며, 기도하는
그 자리에 하나님이 함께하심을 믿습니다.

2020년 4월, 목양실에서

김병삼 목사

치유기도

치유기도는

마음이나 육신의 질병을

치유하기 위한 기도다.

13 너희 중에 고난당하는 자가 있느냐 그는 기도할 것이요 즐거워하는 자가 있느냐 그는 찬송할지니라 14 너희 중에 병든 자가 있느냐 그는 교회의 장로들을 청할 것이요 그들은 주의 이름으로 기름을 바르며 그를 위하여 기도할지니라 15 믿음의 기도는 병든 자를 구원하리니 주께서 그를 일으키시리라 혹시 죄를 범하였을지라도 사하심을 받으리라 16 그러므로 너희 죄를 서로 고백하며 병이 낫기를 위하여 서로 기도하라 의인의 간구는 역사하는 힘이 큼이니라 _____ 야고보서 5:13-16

◆ ◆

어떤 고난이든 정답은 기도다

사람들은 공부하는 것을 참 싫어합니다. 우리의 잠재의식은 학교에서 배우는 것은 다 지겹다고 생각하는지도 모르겠습니다.

김정운 교수의 저서《에디톨로지》에는 아동 창의성 연구의 최고 전문가인 최인수 교수의 말이 기록되어 있습니다.

"아이들에게 컴퓨터 게임을 못하게 하는 방법은 아주 간단하다. 학교에서 가르치면 된다!"

사실 학교라는 영어 단어의 '스쿨'(school)은 그리스어 '스콜레'(scole)에서 나온 말입니다. '여가를 쌓는 것, 교양을 쌓는 것'이라는 의미를 가지고 있습니다. 본래 '공부'의 의미는 우리의 삶을 풍성하게 즐길 수 있도록 배우는 것입니다.

'기도 공부' 역시 마찬가지입니다. 배워서 지겨운 것이 아니라, 우리의 신앙생활을 풍성하게 만들기 위해 공부하는 것입니다. 우리의 신앙생활을 즐기기 위한 기술을 배우는 것입니다.

야고보서 5장 13-16절은 '기도의 매뉴얼'이라고 할 수 있습니다. 매뉴얼대로 하면 특출하지는 못해도 실수하거나 엉뚱한 일을 하지는 않을 것입니다. 야고보서는 총 108절로 구성되어 있는데 그중 60절이 명령형으로 되어 있습니다. 신구약을 통틀어서 가장 실천적인 책입니다.

야고보서 기자는 고난당하는 자가 있다면 기도하라고 말합니다. 여기서 우리가 알아야 할 것은 고난이 다 똑같지는 않다는 사실입니다. 베드로전서도 고난이 같지 않다고 말하고 있습니다.

> 죄가 있어 매를 맞고 참으면 무슨 칭찬이 있으리요 그러나 선을 행함으로 고난을 받고 참으면 이는 하나님 앞에 아름다우니라 벧전 2:20

일반적으로 두 가지 종류의 고난이 있습니다. 하나는 죄로 인해 오는 고난이고, 다른 하나는 선을 행하다 당하는 고난입니다. 하지만 고난에 대처하는 매뉴얼은 같습니다. 죄로 인해 고통을 당하든, 선을 행하다 십자가를 지는 고난을 당하든, 정답은 기도입니다.

만일 죄의 결과로 받는 고난이라고 생각되면 기도 중에 자신을 보게 될 것이고, '회개하는 기도'로 들어가게 될 것입니다.

만일 우리가 우리 죄를 자백하면 그는 미쁘시고 의로우사 우리 죄를 사하시며 우리를 모든 불의에서 깨끗하게 하실 것이요 요일1:9

회개가 터지는 순간 우리는 응답받게 될 것입니다.

환난 날에 나를 부르라 내가 너를 건지리니 네가 나를 영화롭게 하리로다 시 50:15

요즘 저에게 기도 부탁을 하는 분들의 기도제목

을 보면 제가 도움을 줄 수 없거나 상담으로 해결할 수 없는 것이 대부분입니다. 하나님이 이런 기도 제목을 주신 이유는, 이분들이 하나님을 만나기를 원하시기 때문이라는 생각이 듭니다.

많이 알려진 이야기가 있습니다. 홀리데이 인 호텔의 창업자 케몬스 윌슨(Kemmons Wilson)의 일화입니다. 그는 평범하게 직장생활을 하던 사람이었는데, 어느 날 출근해서 책상에 앉았을 때 '해고 통지서'를 보게 되었습니다. 그는 이후 분노와 복수심으로 아무 일도 하지 못하고 거의 폐인처럼 지냈습니다.

"여보! 나는 죽고 싶소. 모든 노력을 다했지만 아무것도 되는 일이 없소!"

어느 날 그는 아내에게 이렇게 털어놓았습니다. 이때 신앙인이던 아내가 이렇게 대답했습니다.

"여보, 당신이 한 가지 시도하지 않은 일이 있어요. 당신은 이 상황과 문제에 대해 진지하게 기도한 적이 없잖아요."

그날부터 케몬스는 아내와 진지하게 기도했고,

그러자 그를 사로잡고 있던 분노와 패배의식이 사라졌습니다. 케몬스는 용기를 내 집을 담보로 융자를 얻어 조그만 건축 사업을 시작했습니다. 그러던 어느 날 그는 이렇게 기도했습니다.

"하나님! 제가 건축하면서 여기저기 여행하다 보니 호텔이 너무 비쌉니다. 싼 호텔은 너무 지저분하고요. 하나님! 제가 저렴한 가격에 좋은 서비스를 제공하는 호텔을 지어 이웃을 섬기게 해주세요."

이렇게 그의 거룩한 불만족이 홀리데이 인 호텔의 시작이 되었다고 합니다.

기도는 우리에게 답이 됩니다. 그런데 우리가 착각하는 것이 있습니다. 기도가 저절로 된다고 생각하는 것입니다.

기도를 배우는 시간

기도는 하나님과의 대화이기 때문에 '대화의 기

술'을 배워야 합니다. 누구나 기도할 수 있습니다. 그러나 그보다 더 잘 기도할 수 있습니다. 기도는 하나님과 우리 사이의 소통입니다. 여기서 '배운다' 함은 장소와 때가 있다는 것을 말합니다. 혼자 공부해서 검정고시로 학력을 인정받을 수도 있지만 일반적인 방법은 아닙니다. 특수한 상황이라면 특별한 방법으로 공부할 수도 있지만, 일반적인 배움의 자리로 나아가는 것이 안전합니다.

이 책이 여러분에게 '기도를 배우는 자리'를 제공하길 바랍니다. 이 책을 통해 대화와 소통의 기술을 가지고 공예배와 개인 기도의 자리에서 부지런히 실습하다 보면 고난에 대처하는 여러분만의 매뉴얼을 완성할 수 있을 것입니다.

너희 중에 고난당하는 자가 있느냐 그는 기도할 것이요 즐거워하는 자가 있느냐 그는 찬송할지니라 약 5:13

고난당할 때 기도하는 것이 중요하다는 사실을

우리는 잘 알고 있습니다. 그런데 즐거운 일이 있을 때는 어떻습니까? 즐거울 때 찬송하는 것이 '기도'라는 것도 알고 있습니까? 저는 찬양과 감사는 연관되어 있다고 생각합니다. 인생에서 즐거운 일이 있을 때 하나님을 생각하는 것은 귀합니다. 즐거운 일이 있을 때 찬송하는 것은 하나님을 향한 우리의 신앙고백이기 때문에 찬송은 기도입니다.

그래서 '찬양'은 '감사'와 관련되어 있습니다. 특별히 감사 찬양은 내가 누리고 있는 복이 하나님으로부터 왔다는 믿음의 고백입니다.

한밤중에 바울과 실라가 기도하고 하나님을 찬송하매 죄수들이 듣더라 이에 갑자기 큰 지진이 나서 옥터가 움직이고 문이 곧 다 열리며 모든 사람의 매인 것이 다 벗어진지라

행 16:25-26

고난 가운데 기도하고, 즐거움 가운데 찬송할 때 우리를 누르고 억압하던 것들이 풀어집니다. 고난이

떠나가고 흑암의 권세가 물러갑니다. 절망 가운데 기도하고 기쁨 가운데 찬송할 수 있기 때문에 우리에겐 소망이 있습니다.

육체와 마음의 질병, 고난 너머를 보라

부활은 치유와 회복의 역사가 구체적으로 일어난 사건입니다. 기독교가 능동적이고 미래 지향적이며, 소망의 종교인 것은 바로 부활이 있기 때문입니다. 우리가 지나온 '고난의 시간'은 사실 오늘의 부활을 위한 전주곡입니다.

야고보서 기자가 이야기하는 것도 바로 그런 내용입니다.

"고난당하는 자가 있느냐?"

"병든 자가 있느냐?"

여기가 끝이 아니라 소망이 있다고 합니다. 기도할 수 있기 때문에, 주의 이름으로 기름을 바르며 기도할 수 있기 때문에 고난이 끝이 아니라 그 너머의 소망을 바라볼 수 있습니다.

인도의 선교사 선다 싱(Sundar Singh)이 영국을 방문했을 때의 일입니다. 어느 대학교수가 그에게 물었습니다.

"당신이 힌두교를 버리고 기독교를 믿게 된 이유가 무엇입니까?"

힌두교와 기독교의 차이가 무엇이기에 종교를 바꾸었느냐는 질문이었습니다. 이에 대해 선다 싱은 이렇게 대답했습니다.

"부활하신 예수가 살아 있기 때문입니다."

세상이 '죽음은 끝'이라고 말할 때, 우리는 '죽음이 시작'이라고 말합니다. 이것이 세상 사람과 그리스도인이 다른 이유입니다.

사람은 죽이는 능력은 있지만 살리는 능력은 없습니다. 부활은 죽은 자를 살리는 능력입니다. 생명의 역사가 바로 부활입니다.

영화 〈글래디에이터〉를 보면, 로마 황제의 힘이

얼마나 엄청났는지 알 수 있습니다. 황제의 엄지손가락이 위로 올라가면 사람이 살고, 아래로 내려가면 죽었습니다. 그의 손가락에 한 사람의 생사가 달렸던 것입니다.

그러나 죽음을 두려워하지 않는 사람에게 황제의 힘은 아무런 위협이 되지 않았습니다. 그리스도인은 굶주린 사자가 어슬렁거리는 결투장에서도 죽음을 두려워하지 않았습니다. 부활의 능력을 믿었기에 담담히 죽음의 자리로 걸어갔습니다. 이런 까닭에 로마는 그리스도인을 두려워했습니다. 그들이 그토록 악랄하게 그리스도인을 핍박한 것은 이 두려움 때문이었습니다.

고난과 절망이 끝이 아닙니다. 그 가운데서 소망을 보아야 합니다. 하나님의 관점을 소유하게 될 때 우리는 소망을 볼 수 있습니다.

우리 아이들이 어렸을 때의 일입니다. 이른 아침부터 두 아이 사이에 시비가 붙었습니다. 이유는 디지몬 때문이었습니다. 큰아이의 디지몬이 배터리가 없어서 죽게 되자, 동생의 배터리를 빼어 갈아 끼웠고, 그러자 동생의 디지몬이 죽고 만 것입니다.

둘이 매우 심각하게 싸우는데 부모인 제가 보기에 아무것도 아닌 일이었습니다. 단지 배터리를 사서 교체하면 되었기 때문입니다.

우리가 인생의 절망 앞에 보이는 반응도 이와 같지 않을까요? 창조주 하나님이 그런 우리를 보면서 "얘들아, 그게 네가 절망 가운데 빠질 일이니? 그것 가지고 싸울 일이니?" 하실 것 같습니다. 하나님이 우리와 함께하시고 우리를 고쳐 주실 텐데 왜 절망에 빠집니까?

죽음도 마찬가지입니다. 믿음이 없는 사람에게 죽음은 매우 심각하고 절망적인 사건입니다. 하지만 하나님 입장에서 보면 죽음은 아무것도 아닙니다. 부활 신앙을 갖게 되면 죽음으로 위협받을 일이 없습니다.

죽음을 경험한 자만이 부활을 경험할 수 있습니다. 치유와 회복의 기도를 할 수만 있다면, 절망이 클

수록 회복도 크게 경험하게 됩니다.

어떤 청년이 얼굴에 수심이 가득해서 목사님을 찾아왔습니다.

"목사님, 전 더 이상 살아갈 의욕을 잃었습니다. 이번에 사업에 실패해서 전 재산을 날렸습니다. 친구들도 심지어 가족조차 저를 외면합니다. 지금 죽고 싶은 심정입니다."

청년의 말을 묵묵히 듣던 목사님이 말했습니다.

"형제는 모든 것을 잃은 것이 아닙니다. 죄 사함을 잃었나요? 영생을 잃었습니까? 단지 의욕만 잃었을 뿐입니다. 형제에게 믿음과 신앙이 있다면 죽지 말고 하나님 앞에서 살아 보십시오. 의욕은 신앙 안에서 얼마든지 회복할 수 있습니다. 인생의 실패와 성공은 마음먹기에 달려 있습니다. '자살'을 거꾸로 발음해 보세요."

"살자."

"그래요. 잃었다고 하는 것이 완전한 실패는 아닙니다."

목사님은 성경의 한 구절을 찾아서 읽어 주었습니다.

"모든 지킬 만한 것 중에 더욱 네 마음을 지키라 생명의 근원이 이에서 남이니라(잠언 4:23)."

무언가를 잃은 것이 실패가 아닙니다. 하나님 앞에 나아가 기도할 수 있다면 그것이 곧 우리의 소망입니다. 육체와 마음의 질병 앞에서 절망할 때 하나님께 질병의 문제를 가지고 나아가는 것, 치유의 하나님을 바라보는 것이 곧 소망의 시작입니다. 이것이 우리가 기도하는 이유입니다.

희망은 코드의 방향을 바꾸는 데서 시작됩니다. 모든 사람이 죽음을 향해 가고 있을 때, 우리는 소망을 향해 갈 수 있습니다. 그리고 우리가 소망을 가질 수 있는 것은 모든 문제를 내어놓고 기도할 수 있기 때문입니다.

문제는 어떻게 드리는 기도가 올바른지를 아는 것입니다.

올바른 치유기도는 무엇인가

믿음의 기도는 병든 자를 구원하리니 주께서 그를 일으키시
리라 약 5:15

여기서 '구원'은 병에서 벗어나는 것입니다. 한때
과학자들과 의학자들은 기도하는 것을 미신으로 생
각했습니다. 하지만 지금은 병원마다 기도하기를 장
려합니다. 지금은 기도와 영성 생활이 '대체 의학'으
로 인정받고 있습니다. 제가 공부하던 미국의 병원에
는 원목이 18명이나 있었습니다.

현대에는 웬만한 병은 약 먹고 수술하면 낫습니
다. 우리가 약을 먹고 병원에 가는 건 전혀 잘못된 게
아닙니다. 그런데 약과 수술로 고칠 수 있는 병도 있
지만 그렇지 못한 질병도 있습니다. 어느 날 말씀을
듣거나 기도하다가 하나님과 나를 가로막던 죄의 담
이 허물어지면서 순식간에 나음을 얻기도 합니다. 이
것은 이상한 일이 아닙니다. 말씀과 기도의 능력으로

우리를 죽이던 세포들이 치유될 수 있습니다. 문제는 이 믿음이 지나쳐 현대 의학의 치료를 거부하고 기도 에만 매달리는 경우입니다.

우리는 전 우주적인 역사 가운데서 하나님의 임 재하심을 믿습니다. 하나님이 과학을 통해서도 섭리 하시는 것을 믿습니다. 약을 먹고 치료를 받을 수 있 는 것은 큰 축복입니다. 하나님이 귀한 약을 주셨습 니다. 진통제 하나로 나을 수 있는 병을 놓고 하나님 을 시험하는 것은 옳지 않습니다.

제가 영월에서 사역하던 시절, 아내의 입덧이 심 했습니다. 버스를 타고 수라리 고개라는 곳을 통과해 서 내리면 어김없이 토했습니다. 그러자 마을의 어떤 분이 아내가 '입덧 마귀'가 들었다고 말했습니다. 그 러나 그 입덧은 출산과 함께 사라졌습니다.

우리 몸에서 일어나는 생리적인 현상은 생리적인 현상으로 받아들여야 마땅합니다. 머리 좀 아프다고 해서 '두통 마귀'가 들었다고 탓할 일이 아닙니다. 그 것은 아스피린에게 마귀를 쫓는 힘이 있다고 말하는 것이나 다름없는 논리입니다.

적절한 의학적 치료와 하나님께서 허락하신 선물들을 잘 활용하는 것이 지혜입니다. 다만 현대 의학도 포기해서 기도밖에는 의지할 데가 없을 때, 하나님께 전적으로 매달려야 할 것입니다.

올바른 치유기도는 병원을 가면서도 기도하는 것입니다. 좋은 의사를 만나게 해달라고, 의사의 손길을 통하여 하나님이 역사해 달라고 기도해야 합니다. 약을 먹으면서도 하나님께 감사하는 마음으로, 빠른 쾌유를 바라며 기도해야 합니다.

벤저민 프랭클린(Benjamin Franklin)은 "치료는 하나님이 하시고 치료비는 의사가 받는다"라고 말했습니다. 의사를 폄하하는 말이 아니라 진정한 치료자는 하나님이라는 의미입니다.

우리 교회의 한 성도는 소화기 계통의 권위자로, 의사를 가르치는 의사로 살아왔습니다. 그분의 평생 꿈은 '교회 같은 병원'을 운영하는 것입니다. 단순히 병만 고치는 병원이 아니라 영육이 강건해지는 전인적인 치료가 가능한 병원을 만드는 것입니다.

치유기도를 할 때 잊지 말아야 할 것이 있습니다. 치료의 전 과정을 통해 영이신 하나님과 더욱 친밀해지기를 위해 기도해야 하는 것입니다.

기도와 세상 의학이 반대되는 것이 아닙니다. 하나님의 축복으로 함께 가는 것입니다. 더 중요한 것은 치료의 과정입니다.

치료 과정을 통해 하나님과 동행하기

신문에서 호스피스 사역을 하는 원주희 목사님의 기사를 본 적이 있습니다. 그는 "우리나라 교회들이 웰빙 목회만 해요. 기도만 하면 산다고 하죠. 그런데 더 중요한 것은 웰다잉입니다. 우리 중 영원히 살 사람은 아무도 없습니다. 살다 죽을 텐데, 잘 죽는 것을 가르쳐야 합니다"라고 했습니다. 때로 평생을 병과 함께 살아야 하는 경우도 있습니다. 때로는 치료를 하는 과정에서 임종을 맞는 경우도 있습니다.

빌립보서는 "죽는 것도 유익함이라"(1:21)라고 했습니다. 물론 단번에 치유받는 은혜를 경험하는 것은 참 감사한 일입니다.

얼마 전 어느 집사님을 위해 기도했는데 다음 날 병이 나았다는 소식을 전해 듣기도 했습니다. 이처럼 기도하다가 단번에 고침을 받는 경우도 있지만, 대부분은 점진적인 치료 과정을 겪습니다. 치료의 시간을 갖는 것이 우리의 신앙에 얼마나 중요한지 모릅니다.

아프지 않다면, 절망이 없다면 하나님과 친밀해질 수 있을까요? 치료의 과정을 통해 우리는 하나님과 동행하게 됩니다. 정말 중요한 것은 기도해서 병이 낫는 것보다 질병을 놓고 기도하는 가운데 내 삶이 고쳐지는 것입니다. 잘못된 삶의 습관이 고쳐지고, 절제하지 못했던 삶이 교정되고, 자제하지 못했던 식습관이 고쳐지는 것입니다. 치유의 과정을 통해 내 삶이 고쳐지는 것이 너무나 중요합니다. 우리가 할 수 있는 일은 힘을 주셔서 정금같이 단련되게 해

달라고, 그리고 아픈 중에 하나님과 깊은 교제의 시간을 갖게 해달라고 기도하는 것입니다.

이렇게 기도할 때, 설사 임종을 맞는 상황이 온다 해도, 평온하게 하나님의 선택을 받아들이게 될 것입니다. 왜냐하면 계속해서 하나님과 동행하는 과정을 겪었기 때문입니다.

사실 병에서 고침을 받는 것도 기적이지만, 죽음을 담대하게 맞을 수 있는 것도 기적입니다. 신앙이 성장한 것이니, 이 얼마나 놀라운 일입니까? 기도를 통하여 하나님이 기뻐하시는 뜻을 받아들이게 되고, 우리가 병에서 고침을 받는 하나님의 은혜를 체험한다면, 이 얼마나 놀라운 일입니까?

저는 사실 병 때문에 많이 힘들었습니다. 공황장애, 우울증, 수면장애 등으로 너무 고생했습니다. 다른 사람들이 이야기할 때는 잘 와닿지 않던 공황장애와 우울증이 얼마나 무서운지 깊이 체험했습니다. 저는 2년 반 동안 설교하러 나올 때마다 "하나님, 설교할 때 공황장애가 오면 안 돼요. 저를 붙잡아 주세요"

하며 간절히 기도했습니다. 그리고 한 달에 2박 3일씩 기도원에 가서 기도했습니다.

"하나님, 죽을 것 같은데도 죽지는 않는 이 병에 제가 놓여 있습니다. 하나님께서 저에게 사명을 주셨지요? 저를 사용하고자 하실 때까지 쓰십시오. 제 생명이 하나님께 달려 있다는 것, 제 손에 달려 있지 않다는 걸 고백합니다."

저는 의사 말도 잘 듣고 약도 잘 먹었습니다. 문제가 과로와 잘못된 식습관에 있다는 걸 알고서는 16kg 정도 살을 뺐습니다. 운동으로 체질을 바꾸려고 애썼습니다. 요즘에도 저는 여전히 빠른 걸음으로 걷습니다. 최선을 다해 제 삶의 습관을 바꾸고 있습니다.

이렇듯 우리를 해치는 삶의 방식이 치유기도를 통해 교정되는 것이 중요합니다. 생명을 해치는 방식으로 살았던 삶을 청산하는 것이 중요합니다. 사실 이것이 치유기도에서 가장 유익하다고 할 수 있습니다. 절제하지 못했던 생활방식과 자제하지 못했던 성질 및 잘못된 삶의 습관이 고쳐지지 않는다면, 기도

를 통하여 단번에 낫는다 할지라도 다시 병을 얻게
될 것입니다.

　　하나님의 치유의 역사가 우리에게 있기를 간절히
소망합니다. 옛 습관들을 벗어버리고 삶이 온전하게
새로워지는 역사가 일어나기를 기도합니다.

치유기도 매뉴얼

❶ 치료의 전 과정을 통해 영이신 하나님과 더욱 친밀해지기 위해 기도하십시오.

❷ 생명을 해치는 생활 방식을 버리고 건강한 습관을 찾아 실천하십시오.

❸ 치유를 위한 환경을 만드십시오.

❹ 회복된 건강으로 다른 사람을 위해 봉사하십시오.

나의 치유기도

∞ 나의 연약한 부분에 손을 얹고 기도합시다. 아프고 연약
한 나의 모습을 통해 하나님과의 친밀함이 회복될 수 있
도록 올바른 치유기도를 드립시다.

∞ 내 삶, 내 생명을 해치고 있는 습관을 구체적으로 하나님
앞에 가지고 나옵시다. 삶을 교정해 주시는 하나님의 은
혜와 사랑을 경험하게 될 것입니다.

기도문

사랑의 하나님!

연약하고 아픈 가운데서 십자가를 지신 주님을 바라봅니다. 주님의 은혜는 건강할 때도 몸이 아플 때도 변함이 없습니다. 주님은 병든 자의 친구셨으며, 고통당하는 사람 가까이에 계셨습니다. 지금도 고통당하는 자를 불쌍히 여기며 치료하시고 회복하시는 줄 믿습니다. 주님! 저를 불쌍히 여겨 주옵소서. 주님의 손길로 어루만져 주옵소서. 모든 죄를 용서하시고, 십자가 보혈의 능력으로 구원하여 주옵소서. 치료하는 광선을 비추어 주시고 성령의 기름으로 싸매어 주옵소서. 질병의 고통이 심령을 단련하여 구원하시는 주님만 증거하게 하옵소서. 우리 주 예수 그리스도의 이름으로 기도합니다. 아멘.

2

회개기도

회개기도는

자신의 삶에서 잘못을 발견했을 때

그 문제를 놓고

하나님 앞에서 씨름하는 기도다.

1 하나님이여 주의 인자를 따라 내게 은혜를 베푸시며 주의 많은 긍휼을 따라 내 죄악을 지워 주소서 2 나의 죄악을 말갛게 씻으시며 나의 죄를 깨끗이 제하소서 3 무릇 나는 내 죄과를 아오니 내 죄가 항상 내 앞에 있나이다 ___시편 51:1-3

돌아섬과 뉘우침의 기도

인간을 가장 공포스럽게 만드는 것이 무엇일까요? 내가 지금 어디에 있는지 모르는 것, 지금이 언제인지 모르는 것 아닐까요? 그래서 저는 인류의 가장 큰 공헌 중 하나가 '좌표'와 '시간'을 발견한 게 아닐까 생각합니다. 내가 속한 장소와 시간을 안다는 것이 우리에게 엄청난 안정감을 주기 때문입니다. 더구나 지나가는 시간을 '초' '분'으로 쪼개서 인지하고 심지어 하루 24시간, 1년 365일로 매일 매년 반복되는 것처럼 만들었습니다.

가만히 생각해 보면 반복되는 것은 하나도 무섭지 않습니다. 다시 하면 되기 때문이죠. 또 기회가 있다고 믿도록 만들기 때문이죠. 그래서 전 세계 사람들이 새해만 되면 새롭게 다짐하고 야심찬 계획을 짭니다.

하지만 이것은 착시일 뿐이라는 걸 우리는 압니다. 매일 매년이 반복된다고 착각하게 만들 뿐입니다. 지나간 시간은 이미 사라져 버려서 다시 돌아오지 않습니다. 단지 인간은 위안을 얻을 뿐입니다.

성 어거스틴(St. Augustine)은 《고백록》에서 "과거는 이미 존재하지 않고 미래는 아직 존재하지 않으며 현재는 항상 과거로 옮겨져 버린다"라고 했습니다. 사실 시간 가운데 살고 있지만 우리가 소유할 수 있는 건 아무것도 없습니다.

인간 실존을 연구한 철학자 하이데거(Martin Heidegger)는 존재의 본질을 '불안'이라고 정의했습니다. 아무리 인간이 좌표와 시간을 정한다 해도 인간은 시간과 공간에 던져진 존재라는 사실은 변하지 않습니다.

이러한 인간의 실존 앞에서 '회개'는 특별한 의미를 가질 수밖에 없습니다. 우리의 능력을 벗어난 일에 대하여 하나님께 의존하고 기도할 수밖에 없는 존재임을 인정하는 것이 '회개'이기 때문입니다. 회개하지 않고 인생을 돌이키지 않는다면 끊임없는 불안 가운데서 살 수밖에 없습니다. 그래서 돌아섬과 뉘우침의 기도를 한다는 건 굉장히 중요합니다.

회개란 첫째, '돌아서다'라는 뜻입니다. 미리 유산을 챙겨 떠났던 탕자가 방탕한 삶에서 "스스로 돌이켜"(눅 15:17) 돌아온 것이 바로 회개입니다. 하나님을 떠나 살던 죄인이 그분의 품으로 돌아오는 것을 의미합니다. 여기서 회개란 단순히 죄를 뉘우치는 데에서 끝나는 것이 아니라 하나님과 새롭게 사는 것까지 포함합니다.

회개란 둘째, '뉘우치다'라는 뜻입니다. 자신의 잘못을 깨닫고 자기의 부족함과 죄 때문에 고통받은 사람들의 아픔을 느끼고 눈물을 흘리는 행위입니다. 이 회개는 반복되어야 합니다. 자신의 잘못이 발견될 때마다 기도해야 하는 것입니다.

영성이 깊어질수록 회개를 더 많이, 더 깊이 하는 것을 봅니다. 영성이 깊다는 건 영성이 맑아진다는 뜻입니다. 맑아진 영성을 가질 때 우리 속에 있는 더러운 것들이 더 잘 보이게 됩니다. 영성의 깊이는 회개와 관련이 깊습니다. 하나님 앞에서 자신을 볼 수 있어야 합니다. 왜냐하면 영성이란 하나님 앞에서 자신을 봄으로써 하나님의 기준이 내 삶에 적용되는 것이기 때문입니다.

어거스틴의《고백록》을 이해하려면 그의 '회심'을 이해해야 합니다. 어거스틴은 이 책에서 기억나지 않는 죄까지 고백했는데, 어려서 어머니의 젖꼭지를 깨문 것과 배가 부른데도 어머니의 젖을 다른 형제에게 빼앗기지 않으려고 물고 있던 죄까지 고백하고 있습니다. 단순히 자아성찰을 한 것이 아니라 하나님 앞에서 자신을 돌아보았기에 근원적인 죄 문제에 직면하게 된 것입니다.

기도와 영성 생활을 계속 하게 되면 마음이 '여려지고' 삶의 목표가 높아집니다. 자신이 다른 생명들에 끼친 고통에 예민해지기 때문에 마음이 여려지는 것이고, 부름받은 사명을 바라보니 현실의 삶이 늘 부족하게 느껴져서 삶의 목표가 높아지는 것입니다. 영성이 깊어질수록 잘못을 뉘우치고 하나님의 은총을 비는 기도가 더 빈번해질 수밖에 없습니다.

흉내 내는 회개가 불행을 만든다

재미있는 이야기를 하나 소개하겠습니다.

신학교를 막 졸업하고 교회를 담임하게 된 새내기 전도사가 있었습니다. 처음 교회를 맡은 만큼 기도도 열심히 하고 심방도 부지런히 했지요. 나름대로 최선을 다해 말씀을 준비하고 설교를 했습니다. 그런데 설교를 듣는 교인들의 반응이 영 시원치 않았습니다. 거의 절반이 설교 시간이면 꾸벅꾸벅 졸았던 것입니다. 그는 고민이 되어 선배 목사를 찾아갔습니다.

"선배님, 어떻게 해야 설교를 잘할 수 있을까요?"

후배의 고민을 다 듣고 난 선배 목사가 말했습니다.

"이보게, 설교라는 것은 서론이 중요하다네. 처음에 교인들의 관심을 확 잡아끌지 않으면 아무리 해도 잘 안 되는 법이라네. 이번 수요일에 우리 교회에 와서 내가 설교하는 걸 들어 보게."

그래서 전도사는 선배 목사가 인도하는 수요예배에 참석했습니다. 선배 목사는 강단에 서자마자 교인들을 바라보며 말문을 열었습니다.

"여러분, 오늘은 여러분에게 말하지 않았던 사실 하나를 고백할까 합니다. 사실 제게는 결혼하기 전에 동거하던 여인이 있었습니다. 나는 그 여인과 아주 오랫동안 동거를 했습니다."

그러자 교인들이 깜짝 놀라서 일제히 목사를 쳐다보았습니다.

"용서하시기 바랍니다. 그 여인이 누구냐면… 바로 제 어머니이십니다."

교인들이 박장대소하며 웃었습니다. 전도사는 '나도 이번 주일에 꼭 저걸 써먹어야 되겠다'고 다짐했습니다.

마침내 주일이 되어 강단에 선 전도사는 선배 목사와 똑같이 말문을 열었습니다.

"여러분, 오늘은 여러분에게 말하지 않았던 사실 하나를 고백하겠습니다. 사실 제게는 결혼하기 전에 동거하던 여인이 있었습니다. 용서하세요. 저는 그 여인과 아주 오랫동안 동거를 했습니다."

그러자 사람들이 눈을 번쩍 뜨고 쳐다보았습니다. 그런데 교인들이 하도 뚫어지게 쳐다보는 바람에 전도사는 그다음 할 말을 잊어버리고 말았습니다.

"그 여인이 누구냐면…."

전도사의 머릿속이 하얘지고 이마에는 땀이 송골송골 맺혔습니다.

"그 여인이 누구냐면… 누구냐면… 아, 생각이 나질 않습니다!"

교인들이 술렁거리기 시작했습니다.

"아니, 우리 전도사님은 도대체 어떤 사람이기에 결혼도 하기 전에 다른 여자와 동거하고, 그것도 얼마나 많은 여자와 그렇게 지냈으면 이름도 생각을 못하나…."

결국 설교는 엉망이 되고 말았습니다. 그리고 그 일을 수습하느라 고생해야 했습니다. 흉내 내는 목회처럼 불행한 게 없습니다.

저는 가장 불쌍한 교인이 흉내 내는 분들이라고 생각합니다. 회개도 흉내 내고, 은혜도 흉내 내고, 봉사도 흉내 내는 사람입니다. 하나님 앞에 진실하게 서지 못하고 흉내만 내면 결국 수치를 당하게 됩니다. 하나님 앞에 내 영혼이 드러나지 않으면 우리는 불행할 수밖에 없습니다.

하나님이여 주의 인자를 따라 내게 은혜를 베푸시며 주의 많은 긍휼을 따라 내 죄악을 지워 주소서 나의 죄악을 말갛게 씻으시며 나의 죄를 깨끗이 제하소서 무릇 나는 내 죄과를 아오니 내 죄가 항상 내 앞에 있나이다 시편 51:1-3

밧세바와 동침하고 그녀의 남편 우리아를 죽인 다윗은 자신의 죄 문제를 해결할 수 있는 분은 오직 하나님밖에 없음을 알았습니다. 그러나 다윗은 자동판매기처럼 언제나 회개만 하면 자동으로 '용서'가 나오는 것을 회개로 생각하지 않았습니다. 그는 침상에서 숱한 눈물을 흘렸습니다. 무릎을 꿇고 철저하게 진심으로 회개했습니다.

진정한 회개는 말로만 하는 것이 아니라, 자신이 지은 죄를 책임지려는 태도가 수반되어야 합니다. 구약시대 사람들은 하나님의 성물이나 이웃에게 손해를 끼쳤을 경우 속건제를 드렸습니다. 그런데 속건제를 드리려면 잘못에 대한 보상이 분명하게 전제되어야 했습니다.

입으로만 하는 값싼 회개는 계속 반복될 수밖에 없습니다. 오늘날 많은 그리스도인이 조롱거리가 된 것도 하나님의 용서를 빙자해 부정직한 삶을 살기 때문입니다. 값싼 회개를 반복하기 때문입니다.

회개는 용서를 만든다

진정한 회개를 경험한 사람들은 자연스럽게 '용서'의 기도를 경험합니다. 회개를 통해 수직적인 경험을 하게 되면 수평적 경험으로까지 확장되기 때문입니다. 실제로 많은 분들이 타인을 용서하기가 어렵다며 몹시 힘들어합니다. 용서해야 한다는 걸 모르는 게 아니라 용서가 안 되는 겁니다. 하나님 앞에서 내 죄를 보지 못하고, 철저히 하나님께 회개하지 않으면 용서하기가 어렵습니다.

성경에서 가장 위대한 용서의 사건 중 하나가 창세기에 나오는 요셉의 이야기입니다. 우발적인 사건으로 피해를 입어도 용서하기 힘든데 고의적인 계획으로 피해를 입었다면 더욱더 용서하기가 어렵습니다.

아버지의 편애를 받는 요셉을 미워하던 형들은 계획적으로 그를 죽이려 했으나 마음을 바꿔 먼 이방 땅 애굽으로 팔아 버렸습니다. 애굽 보디발 장군의 집으로 팔려 간 요셉은 열심히 일했지만 누명을 쓰고 감옥에서 오랜 세월을 보내야 했습니다. 얼마나 억울하고 원통한 일입니까? 노예로 전락한 것, 억울한 옥살이를 하게 된 것에 얼마나 상처받았겠습니까? 새록새록 그 일들이 생각나지 않겠습니까?

하지만 이 기가 막힌 사건을 다른 시선으로 바라보자 용서가 일어났습니다.

> 당신들은 나를 해하려 하였으나 하나님은 그것을 선으로 바꾸사 오늘과 같이 많은 백성의 생명을 구원하게 하시려 하셨나니 창 50:20

요셉은 이 일이 형들 때문에 고통받은 사건이 아니라 하나님의 계획 가운데 일어난 일이라고 고백하고 있습니다. 사람의 악행을 넘어 하나님의 섭리가 보이기 시작할 때 이 같은 고백을 할 수 있습니다. 그걸 깨닫자 요셉은 형들을 용서할 수 있었습니다.

우리는 누군가의 악행이나 나를 힘들게 하는 사람들의 문제를 볼 것이 아니라 그럼에도 불구하고 내 삶 가운데서 나를 붙잡아 주시는 하나님의 손길과 섭리를 보아야 합니다. 나에게 악을 행하는 그 사람의 악을 바꾸어 하나님이 선을 행해 주실 것을 믿습니까? 그것을 볼 수 있을 때 우리는 용서할 수 있습니다.

요셉이 이 같은 시선을 갖게 된 것은 기도 덕분입니다. 기도는 우리가 하나님이 하시는 일에 눈을 뜨게 하는 놀라운 능력이 있습니다.

시선을 바꾸면 다르게 보인다

저는 용서하지 못하는 사람을 가리켜 '독이 올랐다'고 표현합니다. 너무 미워서 용서하지 못하는 사람은 독이 바짝 올라 있습니다. 독이 오른 눈으로 상대방을 쳐다보고 심지어 그 독으로 물어 버리기도 합니다. 용서하지 못하는 마음과 언어는 누군가에게 독을 쏘고, 그 독은 또 누군가를 죽입니다.

어떤 사람은 용서하지 못하는 사람을 가리켜 이렇게 표현했습니다.

"쥐약은 자기가 먹고 상대가 죽기를 기다리는 것과 같다."

여호와께서 모세에게 이르시되 불뱀을 만들어 장대 위에 매
달아라 물린 자마다 그것을 보면 살리라 모세가 놋뱀을 만
들어 장대 위에 다니 뱀에게 물린 자가 놋뱀을 쳐다본즉 모
두 살더라 민 21:8-9

이 말씀을 보면 참 흥미롭습니다. 이스라엘 백성
의 범죄에 하나님이 진노하여 불뱀을 보내 그들을 물
게 하셨습니다. 불뱀에 물린 것은 죄의 결과였습니
다. 모세가 이들을 위해 중보하자 하나님이 살길을
열어 주셨습니다. 장대에 걸린 놋뱀을 바라보면 산
다고 하신 것입니다. 이때 놋뱀을 보지 않고 하나님
과 모세를 향해 이를 갈며 원망하던 사람들이 있었습
니다. 불뱀에 물려 죽게 된 것 때문에 원망하던 사람
들은 독이 올라 놋뱀을 바라보지 않았습니다. 그들은
끝내 불뱀의 독으로 죽고 말았습니다. 자신의 상처와
독에 집중하다 죽음에 이른 것입니다.

왜 용서가 중요합니까? 왜 회개가 중요합니까?
우리를 살리는 일이기 때문입니다. 우리가 용서하기

시작할 때 하나님의 말씀이 비로소 보입니다. 내 상처에 집중하는 것이 아니라 나와 함께하시는 하나님을 보아야 말씀이 능력이 됩니다. 힘들어도 이 문제를 해결하지 않으면 독 가운데서 살게 됩니다. 그래서 기도해야 합니다. 자기 상처에 집중한 자들은 죽었으나, 고개를 들어 높이 달린 놋뱀을 본 사람들은 살았습니다. 시선을 바꾸면 살길이 있습니다.

요셉은 상처와 독이 올라 복수를 위한 기도가 아니라, 하나님을 향해 얼굴을 들게 해달라는 간구를 드린 것입니다. 시선을 자기의 상황과 문제가 아니라 하나님께 돌리니 사건이 달리 보이게 되었고, 그래서 형들을 용서할 수 있었습니다.

용서는 상대방의 반응과 관계있는 것이 아니라, 내 속에서 나오는 신앙적 결단의 문제입니다. 우리는 상대방이 진정성을 보이고 사과해야 용서할 수 있다고 주장하지만 절대 그렇지 않습니다.

유명한 복음성가 작곡가 최용덕 씨는 〈낮엔 해처럼 밤엔 달처럼〉, 〈나의 힘이 되신 여호와여〉 같은 은혜로운 곡을 만들었습니다. 어느 날 가족처럼 지내던 친구와 사소한 의견 차이가 생겨 관계가 멀어지게 되었답니다. 아무리 생각해도 그 친구가 잘못한 일이라, 용서를 구할 때까지 기다렸습니다. 그러던 어느 날 성령께서 이렇게 물으셨습니다.

"넌 어찌 된 인간인가?"

그때 정신이 번쩍 들어 하나님께 용서를 구하고 만든 찬양이 바로 〈오늘 나는〉입니다.

내가 먼저 손 내밀지 못하고 내가 먼저 용서하지 못하고
내가 먼저 웃음 주지 못하고 이렇게 머뭇거리고 있네
그가 먼저 손 내밀기 원했고 그가 먼저 용서하길 원했고
그가 먼저 웃음 주길 원했네 나는 어찌 된 사람인가

오 간교한 나의 입술이여 오 더러운 나의 마음이여
왜 나의 입은 사랑을 말하면서
왜 나의 맘은 화해를 말하면서
왜 내가 먼저 져줄 수 없는가

왜 내가 먼저 손해 볼 수 없는가
오늘 나는 오늘 나는
주님 앞에서 몸 둘 바 모르고 이렇게 흐느끼고 서 있네
어찌할 수 없는 이 맘을 주님께 맡긴 채로

함석헌 선생님은 "그대 고약한 사람 하나를 가졌는가?"라고 물었습니다. 고약한 사람이 우리 주변에 있어야 나의 인격이 성숙해지고 인생을 성공적으로 만든다는 뜻에서 한 말입니다.

여담으로 세종 시절에 '고약해'라는 신하가 있었다고 합니다. 일설에 의하면, 이 사람이 세종이 하는 일에 얼마나 반기를 들던지, 사람들은 자신에게 반기를 드는 사람이 나타나면 '고약해 같은 놈'이라고 했답니다.

실록에 의하면, 고약해가 눈을 부라리며 세종을 노려보는 것은 차라리 귀여울 정도였고, 휑하니 자리를 박차고 나가기도 했답니다. 그런 그에게 세종은 대사헌 자리까지 주었습니다.

우리는 세종대왕 주변에 좋은 사람들이 많았다고 이야기합니다. 하지만 사실은 세종이 주변에 있는 사람들을 좋은 사람으로 만든 것입니다. '고약해'가 대명사가 될 정도로 사나웠던 사람을 대사헌까지 오르게 해서 그의 동역자로 만든 것처럼 말입니다.

'왜 저 사람에게는 성령의 역사가 일어나는가'라고 흔히 말하는데, 우리 삶에 성령의 역사가 일어나도록 살아야 하는 겁니다. '왜 저 사람 주변에는 좋은 이들이 많은가'가 아니라, 내가 우리 주변에 있는 이들이 좋은 사람이 될 수 있도록 만들어 가야 합니다.

"하나님, 제 삶에 이렇게 좋은 사람들을 많이 주신 것을 감사합니다. 그 사람 덕분에 하나님의 뜻을 보게 하시고 내 인생을 바꾸어 주신 하나님의 섭리를 알게 하심에 너무 감사드립니다"라는 고백을 할 수 있기를 바랍니다. 그런 회개와 용서가 일어날 수 있으면 멋진 하나님의 역사가 우리 인생 가운데서 시작될 것입니다. 주변에 고약한 사람이 있다면 그는 나를 위대하게 만드는 사람임을 기억하십시오.

회개가 은혜다

우리가 용서하고 회개하는 기도를 하기 위해 기억해야 할 것들이 있습니다. 우리가 받은 용서는 하나님이 값없이 주신 은혜임을 먼저 기억해야 합니다. 우리의 행위나 어떤 보상으로 받은 용서가 아닙니다. 그런 것으로는 용서받을 수 없습니다. 우리는 다만 하나님의 은혜를 구하면 됩니다.

개신교 복음 공동체 '기독교마리아자매회'의 공동설립자인 바실레아 슐링크(Basilea Schlink)는 "천국의 첫 번째 특징은 통회와 회개에서 나오는 넘치는 기쁨이다. 통회의 눈물은 아무리 굳은 마음이라도 부드럽게 한다"고 말했습니다.

회개는 우리가 노력해서 할 수 있는 게 아닙니다. 그것은 구하는 자들에게 기꺼이 주시는 하나님의 선물입니다. 그리고 회개는 죄를 자백하면 경험할 수 있습니다. C.S 루이스는 "진정한 그리스도인이라면 마음속에 있는 더러운 것을 주의 깊게 그리고 끊임없이 냄새 맡을 줄 알아야 한다"라고 했습니다.

하지만 회개할 때 기억할 것이 있습니다.

첫째, 잘못의 대가를 당당히 치르려는 마음이 있어야 합니다. 혹시 그 대가를 피하려는 마음을 가지고 있다면, 진정한 회개가 이루어지지 않을 것입니다. 다른 사람에게 피해를 주었다면 정직하게 보상해야 합니다. 하나님이 책임을 물으실 때도 피하려 하지 말고 정직하고 기쁜 마음으로 받아들여야 합니다.

죄의 대가는 힘들 수 있습니다. 그러나 그 어려움을 지나가야 다시 범죄하지 않게 됩니다. 혹독한 대가는 우리를 하나님의 사람으로 만들어 갑니다.

둘째, 하나님의 징벌이 사랑의 표현임을 믿어야 합니다. 그리고 언젠가는 그 징벌을 끝내시고 영광으로 회복시켜 주실 것을 믿어야 합니다. 하나님은 당신과 상관없는 사람을 징벌하지 않으십니다.

셋째, 그리스도인은 영성 생활을 함으로써 더 잘하지 못한 것을 회개해야 합니다. 톨스토이는 선행이 '만족'이 아니라 '기쁨'을 준다고 말했습니다. 진실하게 선행을 실천하는 사람들은 더 많은 선행의 요청을 느끼기 때문에 절대로 만족하지 않습니다. 진정한 회개와 용서의 기도는 우리를 하나님과의 친밀함으로 인도할 것입니다.

회개기도 매뉴얼

❶ 하나님 앞에 죄를 고백하십시오.

❷ 성령의 도우심을 구하십시오.

❸ 죄를 짓게 된 약한 심령을 회복하는 일을 위해 기도하십시오.

❹ 자신의 죄로 상처 입은 사람들을 회복시키는 데까지 나아가

십시오.

나의 회개기도

∞ 상처와 독이 오른 나의 모습에서 하나님께로 시선을 바꿀 수 있도록 용서와 회개를 위한 기도를 하십시오.

∞ 내 삶에 값없이 주신 은혜를 기억하십시오. 회개기도가 내 힘과 의지가 아닌 하나님의 은혜를 구할 때 가능함을 믿음으로 고백합시다.

자비하시고 은혜로우신 하나님!

어둡고 괴로운 사망의 길에서 헤매는 자에게 한 줄기 소망의 빛이 있다면 주님의 은혜의 빗줄기입니다. 한 여름 뙤약볕에 목이 마르듯, 죄 때문에 타는 영혼이 기댈 곳은 오직 십자가 그늘뿐입니다. 사랑하는 나의 주님이시여! 이 죄인을 불쌍히 여겨 주옵소서. 죄를 용서하시고 저를 새롭게 빚어 주옵소서. 주님의 보혈의 은혜만이 저를 새롭게 하실 수 있습니다. 동이 서에서 먼 것같이 저의 죄과를 멀리하시고 기억하지 마옵소서. 우리 주 예수 그리스도의 이름으로 기도합니다. 아멘.

3

청원기도

청원기도는

자녀인 우리가 하나님 아버지께

구하는 기도다.

3 주여 내게 은혜를 베푸소서 내가 종일 주께 부르짖나이다 4 주여 내 영혼이 주를 우러러보오니 주여 내 영혼을 기쁘게 하소서 5 주는 선하사 사죄하기를 즐거워하시며 주께 부르짖는 자에게 인자함이 후하심이니이다 6 여호와여 나의 기도에 귀를 기울이시고 내가 간구하는 소리를 들으소서 7 나의 환난 날에 내가 주께 부르짖으리니 주께서 내게 응답하시리이다 ___시편 86:3-7

◆ ◆

GOD is Love

옛날 영화나 대하드라마를 보면, 어느 왕족이 도망을 가 어려움에 처했을 때, 누군가의 도움으로 목숨을 건지는 장면이 많습니다. 그 왕족이 당장 은혜를 갚을 수 없으면 뭔가 증표를 주며 훗날 찾아오라고 합니다. 증표로 대개 목걸이의 반쪽이나 자기의 물건 중 하나를 주곤 합니다. 그러면 관객이나 시청자들은 주인공이 언제 왕족을 만날지, 그 증표를 언제 보일지 흥미롭게 지켜보게 됩니다.

저에겐 '청원'이 그런 느낌으로 다가옵니다. 하나님의 사랑을 받는 우리에게는 '청원의 권리'가 있습니다. 하나님이 우리에게 부르짖으라고, 하나님께 꺼내 보이며 사용하라고 말씀하신 이 청원기도는 사랑받는 자의 권리이자 특권입니다.

영국의 유명한 설교가 찰스 스펄전(Charles Spurgeon) 목사님의 이야기입니다.

목사님이 어느 시골 농가를 방문하게 되었을 때,

마당 한쪽에서 바람의 방향을 알려 주는 큰 풍향계를 보았습니다. 바람 부는 대로 이리저리 흔들리는 화살표 끝에 글씨가 쓰여 있었습니다.

"God is Love! 요일 4:16"

목사님이 농부에게 물었습니다.

"이 말은 하나님의 사랑이 바람이 부는 대로 나부낀다는 말입니까? 하나님의 사랑이 왔다갔다 하나요?"

그러자 농부는 이렇게 대답했습니다.

"아니요. 바람이 어떤 방향을 가리키든지 하나님은 여전히 사랑이라는 뜻입니다."

참 의미 있는 이야기입니다. 'God is Love'는 하나님의 사랑이 변한다는 게 아니라 우리가 어디에 있든 그 하나님의 사랑이 우리 가운데 있다는 말입니다.

우리 인생은 동서남북에서 불어닥치는 바람으로 인해 원하지 않는 데에 있을 수 있습니다. 그러나 우리가 어느 방향에 있든지 우리를 향한 하나님의 사랑은 변함이 없습니다.

높음이나 깊음이나 다른 어떤 피조물이라도 우리를 우리 주
그리스도 예수 안에 있는 하나님의 사랑에서 끊을 수 없으
리라 롬 8:39

얼마 전에 어떤 분과 식사를 했습니다. 젊은 시절
어렵게 살다가 검사를 거쳐 국회의원까지 하신 분입
니다. 그분이 저에게 말했습니다.

"목사님, 제 인생이 너무 힘들었던 젊은 시절 누군
가가 '하나님이 너를 사랑하셔. 하나님이 너를 포기
하지 않으셔' 이 한 마디만 해주었더라면 그때를 그
렇게 힘들게 보내지는 않았을 것 같은데 그 말을 해
주는 사람이 없었습니다."

저는 그 이야기를 들으며 참으로 안타까웠습니
다. 그래서 지금 그 이야기를 해주고 싶습니다.

"하나님이 당신을 사랑하십니다. 하나님이 당신
을 붙잡고 인도해 주십니다. 하나님이 당신을 지켜
주십니다. 이 힘든 시간을 지나가게 하실 겁니다."

누가 우리를 그리스도의 사랑에서 끊을 수 있겠

습니까. 하나님이 우리를 사랑하십니다! 그래서 우리
는 하나님께 청원하며 기도할 수 있습니다.

하나님은 용서하기를 즐거워하신다

청원하며 간구하는 기도는 우리 신앙에서 낮은
단계의 기도일 것입니다. 청원기도는 하나님이 우리
를 돌아보게 하는 기도입니다. 하나님의 관심과 사랑
을 내 쪽으로 돌리는 것입니다. 그러나 우리 신앙의
수준이 성숙되면 구하는 기도를 하기보다 하나님의
뜻을 묻는 기도를 하게 될 것입니다. 그래서 저는 "주
여, 주시옵소서!" 하지 말고 "주여, 죽여 주시옵소서!"
라고 기도하라고 말하곤 합니다. 나의 욕망만 구하지
말고, 나를 죽이고 하나님의 뜻을 구하라는 의미입니
다. 맞습니다. 맞는 말입니다.

하지만 하나님의 뜻을 구하는 성숙한 기도만 할
수 없는 게 우리 인간입니다. 그리고 하나님은 아버

지로서 우리의 간구를 즐겨 듣는 분이십니다. 자녀가 부모에게 뜻을 물으면 부모는 대견하고 뿌듯합니다. 그렇다고 자녀가 이것 달라 저것 달라 한다고 해서 부모가 그 자녀를 못마땅하게 여기지 않습니다. 오히려 귀엽고 사랑스럽게 여깁니다.

우리에 대한 하나님의 마음도 이와 같습니다.

"하나님, 너무 힘들어요. 저를 도와주세요"라고 기도할 때, "그래, 네가 내 자식이구나" 하며 사랑스러워하실 것입니다. 대견한 모습을 보이는 것도 귀하지만 하나님께 사랑스런 자녀가 되는 것도 귀합니다.

우리는 하나님의 뜻을 묻는 신앙인으로 자라 가야 합니다. 하지만 하나님께 청원하는 것은 지극히 정상적인 신앙인의 모습입니다.

청원은 하나님의 마음을 기쁘게 하는 것이요, 우리는 청원을 통해 응답을 받습니다. 피조물인 우리가 창조주이신 하나님께 구할 것이 없다면, 무지몽매한 우리가 지혜의 근원이신 하나님께 구할 것이 없다면, 그것이야말로 크게 착각하는 태도일 것입니다. 자녀인 우리가 아버지인 하나님께 구하는 것은 전혀 이상한 일도, 잘못된 일도 아닙니다.

주는 선하사 사죄하기를 즐거워하시며 시 86:5

하나님이 사죄하기를 즐거워하신다는 것이, 우리가 늘 죄를 짓고 또 용서를 구하는 것을 하나님이 좋아하신다는 말일까요? 그렇지 않습니다. 사죄하기를 즐거워하신다는 것은 우리의 기도를 듣고 싶어 하신다는 의미입니다.

우리는 죄를 회개하지만 그렇다고 그 뒤로 다시는 죄를 짓지 않고 살 수 있는 능력이 없습니다. 기도하지만 늘 문제를 가지고 삽니다. 인간의 한계이자 현실이 그렇습니다. 주님이 우리의 약함을 아십니다. 그래서 우리가 마음 놓고 기도하도록 사죄하기를 즐거워한다고 하신 겁니다. 그러니 우리는 염려하지 말고 기도해야 합니다.

우리가 잘못을 하고도 용서를 빌지 않는 것은 거

짓되게 사는 것입니다. 죄를 짓는 것도 문제이지만, 용서를 구하지 않는 것은 더 큰 잘못입니다. 저도 아이들이 어렸을 때 "너 잘못한 것 있으면 솔직하게 말해. 그러면 용서해 줄게. 잘못한 것보다 더 나쁜 것은 용서를 빌지 않는 거야"라고 말하곤 했습니다. 이것이 자녀를 용서하고 싶은 부모의 마음입니다. 염려하지 않고 기도할 수 있는 이유도 하나님이 우리를 사랑하시기 때문입니다.

'기가 막힌다'는 말이 있습니다. 기가 막히면 신진대사가 이루어지지 않아 큰 병을 얻게 됩니다. 사죄하기를 즐거워하신다는 것은 우리와 하나님 사이에 막힌 길을 뚫어 주신다는 의미입니다. 용서함의 과정 없이는, 하나님과 우리 사이에 교통이 이루어지지 않습니다.

염려하지 말고 기도하십시오.

사죄의 은총을 구하십시오.

사죄하시는 하나님의 은혜를 경험하여 기도의 길을 뚫으십시오.

넘치게 주시는 아바 아버지

주께 부르짖는 자에게 인자함이 후하심이니이다 시 86:5

'후하다'는 것은 무슨 뜻일까요? 우리가 흔히 어느 식당에 갔다가 "그곳 인심이 후하던데…"라고 말한다면 기대한 것보다 대접을 더 많이 받았다는 의미가 됩니다.

'하나님의 인자하심이 후하다'는 것은 하나님께서 우리가 구한 것보다 훨씬 더 좋은 것으로 주시는 분이라는 의미를 포함하고 있습니다. 하나님은 우리의 아버지이시기 때문에 후하게 주십니다.

그런데 구하는 기도를 꺼리는 사람들이 있습니다. 이유가 무엇일까요?

첫째, '영적인 공손함'이라고도 말할 수 있는데 가령 '이렇게 사소한 문제로 기도하는 것은 하나님을 귀찮게 하는 것이야'라고 생각하는 것입니다. 하지만 아버지 되시는 하나님은 사소한 것을 포함해 우리의 모든 문제를 알기 원하십니다. 가까운 사이는 매일 만나도 할 말이 많지만 오랜만에 만나는 사이는 이야깃거리가 금세 떨어져 할 말이 없습니다. 우리가 더 많이, 더 자주 기도할수록 사소한 것까지 기도할 수 있습니다. 우리가 시험, 직장, 진로, 질병을 비롯해 일상의 사소한 문제를 놓고 기도할 때 하나님이 들으십니다.

제가 후회하는 일이 하나 있습니다. 아버님이 살아 계실 때의 일입니다. 제가 막 담임목사가 되고 나서 교인들과 함께 필리핀으로 단기선교를 갔다가 돌아오자마자 공항에서 아버님에게 전화했습니다. 전화를 받지 않기에 주무신다고 생각하고 바로 집으로 갔습니다. 그런데 며칠 동안 아버님이 저에게 한 마디 말도 안 하셨습니다. 섭섭하셨던 겁니다. 제 딴에는 늦은 밤이라 주무시는 걸 깨우고 싶지 않아서 곧바로 집으로 간 것인데 아버님은 전화로라도 속히 아들의 안부를 듣고 싶었던 것입니다.

하나님의 마음도 이와 같습니다. 하나님은 자녀

에 대한 아버지의 마음과 동일한, 아니 그보다 훨씬 더 애틋한 마음을 우리에게 품고 계십니다. 우리가 갖고 있는 문제들이 다른 사람들한테는 별로 중요하지도 않고, 듣고 싶지도 않는 것일 수 있습니다. 하지만 하나님 아버지한테는 우리의 아주 사소한 일까지도 너무나 중요합니다. 그래서 우리는 모든 문제를 하나님 앞에 가지고 가야 합니다.

몇 년 전 어떤 목사님을 만났는데 군대 간 아들의 이야기를 하더군요. 유격을 받다 찍은 사진을 보았는데 후줄근한 옷을 입고 지친 표정으로 있는 모습이 안쓰러웠다고 했습니다. 그런데 저는 그 말이 이해되지 않았습니다. 모든 군인이 다 그런 과정을 겪지 않습니까? 훈련 안 받는 군인이 어디 있습니까? 하지만 아버지에게는 사진 속의 모든 군인이 아니라 자신의 아들만 보이는 겁니다. 그래서 아버지의 마음이 아픈 겁니다.

너희 중에 누가 아들이 떡을 달라 하는데 돌을 주며 생선을 달라 하는데 뱀을 줄 사람이 있겠느냐 너희가 악한 자라도 좋은 것으로 자식에게 줄 줄 알거든 하물며 하늘에 계신 너희 아버지께서 구하는 자에게 좋은 것으로 주시지 않겠느냐 마 7:9-11

이 말씀은, 우리가 잘 아는 마태복음 7장 7-8절의 말씀과 바로 연결되어 있습니다.

구하라 그리하면 너희에게 주실 것이요 찾으라 그리하면 찾아낼 것이요 문을 두드리라 그리하면 너희에게 열릴 것이니 구하는 이마다 받을 것이요 찾는 이는 찾아낼 것이요 두드리는 이에게는 열릴 것이니라 마 7:7-8

많은 사람들이 하나님께 구하기를 주저하기 때문에 주신 말씀입니다. 우리 아버지는 우리에게 얼마나 좋은 것을 주기 원하시는지 모릅니다. 어떤 아버지가 아들이 생선을 달라고 하는데 뱀을 주겠습니까? 어떤 아버지가 떡을 달라고 하는데 돌을 주겠습니까?

육신의 아버지도 생선 대신 뱀을 주거나 떡 대신 돌을 주지 않습니다. 하나님은 인자하심이 후하셔서 이미 우리에게 넘치도록 주실 것을 준비하고 계십니다. 그러니 우리는 당연히 구해야 합니다.

기도를 꺼리는 두 번째 이유는, '하나님 아버지가 이미 우리의 필요를 아시기 때문에' 청원기도를 하지 않는 것입니다.

물론 하나님은 우리의 필요를 아십니다. 그럼에도 불구하고 하나님은 우리의 입으로 구하는 행위를 좋아하십니다. 왜냐하면 우리가 하나님께 무엇인가를 요청하면서 하나님과 사랑의 관계가 더 깊어지기를 원하시기 때문입니다.

스코틀랜드의 목회자인 포사이스(P.T. Forsyth)는 "사랑은 이미 알고 있는 것이라도 들어 보기를 좋아한다. 또한 사랑은 주고자 하는 것도 요청받기를 원한다"라고 했습니다. 사랑하는 사람에게는 계속해서 그 사랑을 확인받고 싶습니다. 사랑의 관계는 확인하고 확인해 줘야 하는 겁니다.

누구를 도와주는 것이 쉽습니까, 아니면 도움을 받는 것이 쉽습니까? 당연히 도움을 주는 것이 쉽습니다. 웬만큼 친밀한 관계가 아니고는 도움을 받기가 쉽지 않습니다. 또 가까운 관계가 아니라면 도움받는 게 불편합니다.

몇 해 전, 미국 LA에 있는 남강식 목사님한테서 메일을 받았습니다. 충주에 계신 아버님이 위독하시니 저더러 대신 가서 만나 달라는 부탁이었습니다. 당시는 눈코 뜰 새 없이 바쁜 나날이었지만 남 목사님을 도울 수 있어서 너무 기뻤습니다. 오래전 저는 미국으로 떠나면서 남 목사님에게 우리 아버지를 부탁한다고 말한 적이 있습니다. 직장암으로 누워 계시는 남 목사님의 아버님을 병문안하고 나오는데 마음이 그렇게 좋을 수 없었습니다.

하나님은 우리에게 요청받기를 원하십니다. 우리의 필요를 모르시는 것이 아니라, 우리의 입술로 아버지의 자녀라고 고백하기를 원하십니다. 아버지와 사랑의 관계에 있음을 확인받기를 원하십니다.

청원에 대한 응답은 하나님의 몫이다

이처럼 우리는 하나님 아버지의 자녀로서 얼마든지 청원기도를 할 수 있습니다. 그런데 청원기도를 한 다음이 더 중요합니다. 그분의 뜻에 맡기고 하나님이 주시는 응답을 받아들여야 합니다. 아버지께서 더 좋은 것으로 채워 주실 줄 믿기에 인내로 하나님의 인도하심을 기다리는 것이 필요합니다. 응답은 우리의 것이 아니라 하나님의 몫입니다. 우리가 담대히 하나님께 기도할 수 있는 것은 응답이 하나님께 있기 때문입니다.

기독교 변증가 C. S. 루이스(Lewis)는 "만일 하나님께서 내가 지금까지 드린 모든 어리석은 기도에 다 응답하셨다면 지금쯤 나는 어디에 있을까?"라고 말했습니다. 흔히 지연된 응답이란, 더 좋은 것을 주기 원하시는 하나님의 섭리입니다. 우리가 원하는 것이 너무 어리석을 때 하나님은 응답을 지연시키십니다. 더 좋은 것을 알아볼 때까지 기다리시는 것입니다.

혹은 하나님은 이미 응답하셨는데 우리가 그것을 알아보는 안목이 없어서 응답이 지연된다고 생각할 수도 있습니다.

원하는 것을 간구하되 인내하며 기다려야 합니다. 더 좋은 것을 주시는 하나님을 믿고 응답을 기다려야 합니다.

환난은 인내를, 인내는 연단을, 연단은 소망을 이루는 줄 앎이로다 롬 5:3-4

우리는 하나님께 청원해야 하는 존재입니다. 하지만 그 청원에 대한 응답은 우리의 몫이 아닙니다. 기대하던 것과 달라도 하나님의 응답하심을 믿는 사람만이 가장 강력한 청원기도를 할 수 있습니다. 하나님의 응답이 내 기도보다 최선이라는 것을 믿을 수 있기 때문에 기도할 수 있습니다.

저는 종종 예배를 마치면 기도를 요청하거나 상담을 원해서 저를 기다리는 성도를 만납니다. 말하지 않았다면 몰랐을 내용들을 접하게 됩니다. 하지만 저에게는 그분들의 문제를 해결할 능력이 없습니다. 그러나 하나님이 우리에게 특권으로 주신 기도는 할 수 있습니다. 그분들을 위해 기도하면 하나님이 해결해 주실 것을 믿습니다.

만나교회 초창기에는 성도들이 많지 않아서 예배 후에 안수기도를 자주 했습니다. 어느 날 저는 다음 주 금요일에 환자들을 위해 기도한다고 선포했습니다. 당시 금식하며 기도하던 중이었는데, 막상 선포하고 나니 너무 부담스러웠습니다. 그 때문에 잠을 잘 이루지 못하는 저에게 아내가 이유를 물었습니다. 저는 환자들이 낫지 않을까 봐 걱정된다고 했습니다. 아내는 병은 하나님이 고치시는 건데 왜 걱정하느냐고 말했습니다. 그때 아내의 말에 정신이 번쩍 들었습니다.

그렇습니다. 저에겐 능력이 없습니다. 저는 기도하지만, 제 기도에 응답하셔서 일하시는 분은 하나님이십니다. 저는 성도들에게 아픈 곳에 스스로 손을 없고 기도하라고 했습니다. 그리고 저 또한 하나님께서 해결하실 수 있는 능력이 있음을 믿기에 담대히 선포하며 기도했습니다.

그러나 너희는 택하신 족속이요 왕 같은 제사장들이요 거룩한 나라요 그의 소유가 된 백성이니 벧전 2:9

하나님은 우리를 '왕 같은 제사장'으로 삼아 주셨습니다. 누군가를 위해 하나님께 중보하고 청원할 수 있는 특권을 주셨다는 말입니다.

하나님께 마음껏 청원하며, 가장 깊은 하나님의 관심 가운데로 나아가기를 바랍니다. 기도하며 청원하는 자만이 자신의 삶을 향한 하나님의 계획과 일하심을 경험하게 될 것입니다.

저는 만나교회의 담임목사로 부임하기 전까지 진로를 놓고 숱한 기도를 드렸습니다. 그러나 그 기도대로 하나님이 응답하셨다면 저는 이 자리에 없었을 것입니다. 하나님은 하나님의 계획과 인도하심 가운데 우리를 지금 그 자리로 인도하셨고, 앞으로도 하나님의 계획대로 우리를 이끌어 가실 것입니다.

어떤 문제든, 사소한 것이라도 하나님께 청원하며 간절히 기도하십시오. 죄를 숨기지 말고 "사죄하기를 즐거워하시는 하나님께 기도하오니 응답하여 주시옵소서" 하며 하나님께 가까이 나아가십시오. 우리의 인생에 기념비가 세워지는, 하나님의 역사를 간증하는 귀한 날이 되기를 기도합니다.

청원기도 매뉴얼

❶ 하나님의 주권을 인정하고 자신을 맡기십시오.

❷ 응답해 주실 것을 믿고 구하십시오.

❸ 변화를 위해 기도하십시오.

❹ 하나님의 나라와 의를 구하는 지경으로 나아가십시오.

Manual

나의 청원기도

∞ 지금 내 마음속에 있는 가장 비밀스러운 기도 제목을 하나님 앞에 내려놓으십시오. 부모에게 떼를 쓰는 아이처럼 아무 거리낌 없이 하나님 앞에 구해 보십시오.

_____

_____

_____

_____

_____

∞ 하나님의 응답을 기다리고 있는 기도 제목이 있습니까? 기도의 응답은 하나님의 것임을 믿음으로 고백합시다.

_____

_____

_____

_____

_____

기도문

능력의 하나님!

이 시간 하나님의 자녀로서 이 땅에서 필요한 모든 것과 하나님을 영화롭게 섬길 수 있는 믿음을 간구합니다. 우리가 구하는 온갖 것이나 생각하는 것에 더 넘치도록 주시는 주님! 주님은 제 삶의 모든 소원과 필요를 아시오니 주께서 예비하신 모든 선물을 받아 누릴 수 있도록 믿음의 기도를 드리게 하소서. 저의 생명과 가족, 저의 일터에서 필요한 모든 사랑과 지혜를 주시옵소서. 주님을 더욱 신뢰하고 순종할 수 있는 믿음으로 나아가게 하옵소서. 우리 주 예수 그리스도의 이름으로 기도합니다. 아멘.

4

침묵기도

침묵기도는

하나님 앞에서 자신을 열고

하나님의 품에 안겨 머물러 있는 것,

그분의 인도를 바라며 기다리는 기도다.

1 나의 영혼이 잠잠히 하나님만 바람이여 나의 구원이
그에게서 나오는도다 2 오직 그만이 나의 반석이시요
나의 구원이시요 나의 요새이시니 내가 크게 흔들리지
아니하리로다 ____시편 62:1-2

◆ ◆

하나님을 존중하는가

장엄한 자연 풍광을 보면 '할 말을 잃는다' '할 말이 없다'고 표현하곤 합니다. 말로는 설명하기 어려울 만큼 웅장한 무언가를 보았을 때 우리는 말을 잃게 됩니다. 제가 미국에서 처음 여행한 곳이 그랜드캐니언이었습니다. 그랜드캐니언에 올라 펼쳐진 풍광을 바라보며 "우와"라는 감탄밖에 다른 말은 할 수 없었습니다. 그 압도하는 풍경에 할 말을 잃었습니다. 마찬가지로 그리스도인은 하나님 앞에서 할 말을 잃습니다. 그분의 존엄함 앞에 섰을 때 말을 잃고 맙니다. 그 이유는 하나님이 위대하시기 때문입니다.

나를 존중히 여기는 자를 내가 존중히 여기고 나를 멸시하는 자를 내가 경멸하리라 삼상 2:30

하나님을 존중하고 있습니까? 우리가 하나님 앞에서 침묵하는 이유는 그분의 존엄 앞에서 할 말을 잃기 때문입니다. 미국인은 '어썸'(awesome)이란 표현을 많이 합니다. 어썸 갓(awesome God), '대단하신 하나님'이란 뜻입니다. 하나님을 우리 삶에 전인격적으로 영접하고 인정하는 순간 하나님의 엄위하심 앞에서 할 말을 잃게 됩니다.

침묵기도는 단순히 말을 하지 않는 기도가 아닙니다. 그분의 엄위하심 앞에서 잠잠하는 것입니다. 그래서 우리 인생에서 침묵기도를 경험하는 것은 굉장히 중요합니다.

하나님 앞에 나오는 우리의 태도가 굉장히 중요합니다. 그러나 하나님을 존귀히 여기지 않는 사람이 많습니다. 그 증거는 예배 가운데서 자주 발견됩니다.

첫째, 예배 시간에 습관적으로 늦는 것입니다.

지각하는 사람의 의식 속에는 '나는 결코 아랫사람이 아니다'라는 자기과시가 깔려 있습니다. 흔히 VIP의식이라고 합니다. 자신이 중요한 사람이라는 것을 나타내기 위해 예배 시간에 늦는 것입니다.

둘째, 필요한 부분만 참석하겠다는 것입니다. 예배를 골라 먹는 것으로 생각하는 태도입니다. 리모트 컨트롤만 있으면 자신이 원하는 프로그램만 골라서 볼 수 있는 우리 시대의 비극이라 할 수 있습니다.

진정한 예배는 존귀하신 분 앞에서 '나를 드림'인데 이를 망각하는 것입니다. 자신의 욕망을 죽일 수 있어야 진정한 예배자가 될 수 있습니다. 자신의 욕망을 죽이는 자는 하나님의 인도하심에 따를 준비가 되어 있습니다.

셋째, 삶에 배어 있는 게으름입니다.

이 무익한 종을 바깥 어두운 데로 내쫓으라 거기서 슬피 울며 이를 갈리라 하니라 마 25:30

이 무익한 종은 잘못을 저지른 사람이 아니라, 게을러서 아무것도 하지 않는 사람입니다. 우리는 종종 '죄를 짓지 않았다'는 사실에 만족하지만 하나님은 게으름을 피우느라 선을 행하지 않으므로 하나님을 영화롭게 하지 않는 것을 질책하십니다.

제가 목회를 다 마치고 하나님 앞에 섰을 때 하나님이 제게 물으실 말씀이 딱 하나라고 생각합니다. "너 뭐 하다 왔니?" 이 말이 저에게 큰 울림이 됩니다.

온전히 하나님께 맡기는 침묵기도

우리가 하나님을 존중하는 데 실패하는 이유는 무엇일까요?

가장 큰 원인은 '인내심'이 부족하기 때문입니다. 기다리지 못하고 서둘러 행하므로 존엄한 분의 인도하심과 음성을 듣지 못하는 것입니다.

다윗은 하나님께 선택받은 자로 살아가며 하나님을 '존중'하기를 잊지 않았습니다. 다윗은 사울이 하나님의 택함을 받은 왕이었기에 기회가 있어도 그를 치지 않았습니다. 사울왕은 무려 10년이나 그를 죽이려고 추격했지만 다윗은 그를 치지 않았습니다.

내가 손을 들어 여호와의 기름 부음을 받은 내 주를 치는 것은 여호와께서 금하시는 것이니 그는 여호와의 기름 부음을 받은 자가 됨이니라 하고 삼상 24:6

다윗의 위대함은 '인내'에 있습니다. 그는 하나님을 하나님으로 존중하였기에 인내할 수 있었습니다. 어쩌면 광야의 도피 생활은 그의 인생에서 '침묵의 기간'이었을 것입니다. 기다림의 시간은 참으로 견디기 힘든 고통이었을 것입니다. 그러나 다윗은 하나님이 행하실 일을 기다리며 잠잠했습니다.

인내는 '도피'가 아닙니다. 인내는 아무것도 하지 않는 게 아니라 하나님 앞에서 끝까지 옳은 길을 가며 하나님의 뜻대로 살아가는 것입니다. 인내는 끝까지 하나님을 믿는 가운데 참는 것입니다.

인내는 굉장히 중요한 도전을 줍니다. 인내하지 못하는 것은 하나님의 존귀하심 앞에 우리의 성질을 드러내는 일입니다. 화를 내고 분기탱천함으로 인내하지 못하는 것은 하나님이 우리를 존귀하게 여기시는 축복을 날리는 일입니다. 하나님 앞에서 인내하고 침묵하며 존귀하신 하나님을 인정하는 것이야말로 어떤 큰 소리보다 강한 울림이 있습니다.

침묵기도는 이러한 능력이 있는 기도입니다. 존귀하신 하나님 앞에서 침묵으로 기도한다는 것은, 우리가 아무것도 하지 않는 것을 말하는 게 아니라 하나님 앞에서 우리가 해야 할 것을 보기 시작하는 것입니다. 우리가 말하는 것이 아니라 하나님 앞에서 우리를 보는 것입니다.

나의 영혼이 잠잠히 하나님만 바람이여

나의 구원이 그에게서 나오는 도다

오직 그만이 나의 반석이시요

나의 구원이시요

나의 요새이시니

내가 크게 흔들리지 아니하리로다 시편 62:1-2

"나의 영혼이 잠잠히 하나님만 바람이여"라고 했

을 때 다윗은 아무것도 하지 않은 게 아니었습니다. 하나님이 기름 부으신 자를 해할 수 없다며 사울을 죽일 기회를 포기했습니다. 이 시편은 하나님을 가장 존중한다는 고백입니다. 믿음으로 인내하며 흔들리지 않고 그 자리를 지키겠다는 선언입니다.

어려움을 당해서 괴롭습니까? 잠잠히 하나님 앞에 있을 때 무엇보다 능력 있는 기도가 됩니다. 하나님 앞에 침묵하는 것은 아무 말도 하지 않는 걸 의미하는 게 아닙니다. 침묵기도는 단순히 입을 다물고 기도하는 것이 아닙니다.

침묵기도는 하나님을 전인격적으로 인정하는 고백입니다. 침묵기도는 하나님의 권리를 인정하는 내 어드림입니다. 부르짖는 기도를 넘어서 나의 영혼이 잠잠히 하나님을 바라보는 것입니다. 내 삶의 문제를 온전히 하나님께 맡기는 이 기도를 통해 하나님과 깊은 교제로 들어갈 수 있습니다. 침묵이 아니고는, 조용한 곳이 아니고는 하나님만을 바랄 수가 없습니다.

기도는 하나님과 교제하는 것이다

절대적인 침묵을 요구하는 굴이 있었습니다. 누구든지 말 한마디만 해도 죽고 마는 곳이었습니다. 하루는 바보 삼형제가 그 굴에 들어가게 되었습니다. 큰형이 들어가면서 말했습니다.

"너희들 이곳에서 말하면 죽는다."

그러자 그 자리에서 죽고 말았습니다.

"거 봐, 말하면 죽지."

둘째 형이 이렇게 말하며 죽었습니다.

그러자 막내가 자신 있게 "나는 절대로 말 안 할 거야" 하면서 죽었습니다.

말하지 않고 사는 게 얼마나 힘든지 아시겠습니까? 부부가 싸우고 나서 다시는 말하지 않겠다고 결심하지만 하루를 넘기기가 어렵습니다. 침묵이 그만큼 힘듭니다.

그런 점에서 침묵기도는 나를 죽이지 않으면 할 수 없는 기도입니다. 침묵하는 것은 하나님 앞에서 내 생각과 욕심을 내려놓고 하나님을 인정하겠다는 고백입니다. 그동안 우리는 여러 가지 말로 하나님과 대화를 시도해 보았습니다. 이제는 잠잠히 하나님을 바라보는 신앙에 서 보면 좋겠습니다. 어쩌면 침묵기도는 교회가 잃어버린 소중한 유산이 아닐까 하는 생각이 듭니다.

통성기도가 하나님과 소통하는 유일한 통로는 아닙니다. 통성기도는 사실 내 마음이 답답해서 할 때가 많습니다. 상황이 꽉 막혀 굉장히 힘들어서, 내 마음이 요동쳐서 통성기도 할 때가 많습니다. 주변의 모든 소리들이 정리되고, 내 마음과 생각이 정리될 때까지 통성으로 기도하십시오. 그렇게 토로하며 기도하다 보면 답답한 마음이 풀리고 하나님께 집중할 수 있게 됩니다. 그런 후 침묵 가운데 들어가 보십시오. 하나님의 세미한 음성을 들어 보십시오.

기도란 하나님과 소통하는 것입니다. 일방적으로 떠드는 기도로는 하나님과 교제할 수 없습니다. 우리 신앙의 오류는 열심히 기도하지만 하나님과 교제

하지 않는 데서 옵니다. 열심히 기도하지만 하나님의 음성을 들으려 하지 않는 것입니다.

훌륭한 영성은 침묵 가운데서 하나님을 만나는 것입니다. 우리가 청원하다가도 침묵으로 들어갈 때 하나님과의 교제가 이루어집니다. 기도를 시작할 때는 마음껏 통성으로 기도하세요. 그 후에 하나님과의 교제 속으로 들어가도록 노력해 보십시오.

저는 언젠가부터 그런 습관이 생겼습니다. 하나님께 제 문제를 다 내려놓은 뒤 십자가를 바라보는 것입니다. 그리고 저에게 말씀하시는 하나님을 기다립니다. 그런 점에서 침묵으로 하든 통성으로 하든 중요한 것은 하나님을 만나 대화하는 것입니다.

또 한 가지 우리가 착각하지 말아야 할 것은, 침묵 기도가 단순히 말을 안 하는 차원의 기도가 아니라는 것입니다. 침묵을 통해 하나님과 교통하는 것입니다. 기도가 일방적인 선언이 아니라 하나님과의 교통임을 생각한다면, 맹목적인 통성기도가 얼마나 위험한지 알게 될 것입니다. 우리가 기도하는 이유는 문제를 하나님께 아뢰고 그 답을 얻기 위함입니다. 우리의 한풀이나 내 생각을 토해 내는 것이 기도가 아닙니다.

성경에서 하나님을 만났던 위대한 사람들을 보십시오. 그들은 한적한 곳, 하나님과 대화가 가능한 곳에서 만났습니다. 엘리야는 '세미한 음성 가운데서' 하나님을 체험했습니다(왕상 19:12). 침묵을 통해 우리는 하나님과 깊은 교제 속으로 들어갑니다. 침묵을 통해 우리는 하나님을 바라보게 됩니다.

침묵은 하나님과 깊이 사귀도록 이끈다

이와 같이 성령도 우리의 연약함을 도우시나니 우리는 마땅히 기도할 바를 알지 못하나 오직 성령이 말할 수 없는 탄식으로 우리를 위하여 친히 간구하시느니라 마음을 살피시는 이가 성령의 생각을 아시나니 이는 성령이 하나님의 뜻대로 성도를 위하여 간구하심이니라 롬 8:26-27

성령님이 말할 수 없는 탄식으로 우리를 위해 간구하고 계십니다. 우리는 하나님께 소원을 너무 열심히 아뢰느라 우리를 위해 탄식으로 간구하시는 성령님을 인식하지 못합니다. 그래서 열심히 기도하긴 하지만 하나님의 위로하심을 느끼지 못합니다. 기도하는 중에 나를 감싸안으시는 하나님의 능력을 경험할 수 있기를 바랍니다. 울부짖음 가운데서도 하나님은 우리에게 응답하시지만, 사실은 '말할 수 없는 탄식' 가운데 우리의 모든 것을 이해하고 우리를 돕고 계십니다.

우리는 침묵을 통해 하나님과 깊은 교제 속으로 들어갈 수 있습니다. 말은 어느 정도의 소통을 가능케 하지만 깊은 교제는 말을 하지 않는 곳에서 이루어집니다. 큰 고난을 당한 지체를 보면 우리는 할 말을 잃어버립니다. 그때 아무 말 없이 손을 꼭 잡고 같이 울어 주면 그 어떤 말보다 큰 위로가 됩니다.

우리의 연약함을 도우시는 하나님의 손길이 우리를 감싸십니다. 침묵 속에서 우리는 하나님을 바라보게 되고 그분과 깊은 사귐의 교제를 하게 됩니다. 사귐은 서로를 깊이 알게 합니다. 기도가 깊어지면 기도자는 하나님을 더 잘 알게 됩니다. 하나님과 기도자가 하나가 되는 순간입니다.

다음은 탈무드에 나오는 이야기입니다.

결혼생활에 문제가 생긴 남편이 랍비를 찾아가 어떻게 해야 부부 사이가 원만해질 수 있느냐고 물었습니다. 랍비는 "부인의 말에 귀 기울일 줄 알아야 합니다"라고 말했습니다. 이 사람은 랍비의 충고대로 했고 한 달 후 다시 랍비를 찾아가 "아내가 하는 말에 귀를 기울일 줄 알게 되었습니다"라고 말했습니다. 그러자 랍비는 미소를 지으며 이렇게 말했습니다.

"이젠 부인이 말하지 않는 침묵의 '모든 말'까지도 귀를 기울여 보십시오."(《국민일보》 '부부를 잇는 침묵의 말' 중에서)

우리는 말로 의사소통을 하지만, 지나친 말은 오

히려 걸림돌이 됩니다. 영성이 깊어지는 과정에서 인간은 반드시 언어의 한계에 맞닥뜨리게 되고, 언어가 참된 관계를 가로막는 장애물임을 또한 경험할 수 있습니다.

침묵하는 기도를 통하여 하나님과 사귀게 되면 이런 기도를 하게 됩니다.

주여!
전에 내가 생각하기를 은혜가 시련보다 좋은 것이라고,
은혜를 간구하여 이것을 내가 가지기를 원하였고
내게 있는 시련은 이것이 없어지기를 빌었습니다.
그러나 지금 생각하니 은혜만이 은혜가 아니고
시련도 은혜입니다.
은혜만 간구할 것이 아니라 시련도 간구할 것입니다.
은혜만 욕심낼 것이 아니라 시련도 원할 것입니다.
시련에서 받은 은혜는 그처럼 고귀한 것이 없고,
은혜로 받은 시련처럼 보배로운 것이 없습니다.

은혜도 잘못 받으면 그것이 참기 어려운 시련이 되고, 시련도 잘 받으면 이것이 가장 큰 은혜가 되옵니다.

(중략)

오! 주여 은혜를 주시든지 시련을 주시든지 주님 뜻대로 하옵소서.

주여! 주가 주시는 은혜이고 주가 주시는 시련이오매 어느 것을 더 사랑하고 어느 것을 더 원하리오.

모두가 축복이오니 은혜와 시련에서 주님만 찬송케 하옵소서.

(김정준,《나의 투병기》중에서)

이것이 침묵 속에서 할 수 있는 기도입니다. 잠잠히 하나님을 바라는 사람에게 주시는 하나님의 음성과 위로를 경험할 때 이런 기도를 할 수 있습니다.

우리는 침묵기도 가운데서 하나님의 뜻을 발견하게 되고 우리를 도우시는 하나님을 깨닫게 됩니다. 진정한 영성은 시끄럽게 떠벌리는 데서 나오는 게 아닙니다. 저는 진정한 영성은 강한 침묵으로 인도한다고 생각합니다. 침묵하는 자만이 하나님의 온전한 뜻이 무엇인지를 발견하게 됩니다. 침묵하는 자만이 성령께서 자신을 돕고 있음을 느끼게 됩니다. 성령의 도우심을 느끼는 자만이 삶에서 담대함을 가질 수 있습니다.

지혜로운 사람은 말하기 전에 두 번 생각합니다.

우리 영성의 강함은 떠벌리는 데서 나오는 것이 아니라, 안으로 강하게 침묵하는 데서 나옵니다. 침묵을 통해 나오는 말이라야 능력이 있습니다. 이 침묵의 과정을 겪지 않는다면 허세에 불과합니다. 침묵하는 것이 얼마나 어려운 일입니까? 그러나 이 과정을 겪어야 영적인 사람이 됩니다.

하루는 아인슈타인(Albert Einstein) 교수에게 한 학생이 질문을 했습니다.

"교수님 같은 위대한 과학자가 될 수 있는 비결은 무엇입니까?"

아인슈타인은 이렇게 대답했습니다.

"입을 적게 움직이고 머리를 많이 움직이게나."

자신의 일에 골몰하는 사람은 말을 많이 하지 않습니다. 자신의 일에 골몰하지 않는 사람은 그 눈에 타인의 흠만 보입니다. 그래서 타인을 향해 독설을 퍼붓습니다.

아인슈타인의 대답을 우리에게 적용해 보면 이렇습니다.

"어떻게 하면 위대한 신앙인이 될 수 있을까요?"

"입을 적게 움직이고 하나님을 많이 묵상하십시오."

사람이 태어나서 말을 배우는 데는 2년이 걸리지만 침묵을 배우는 데는 60년이 걸린다고 합니다. 일상 중에 침묵하는 시간을 두길 바랍니다. 우리 삶에서 구체적으로 일하시는 하나님의 손길과 우리를 위해 간구하시는 성령님의 따스함을 느껴 보길 바랍니다. 뜨겁게 기도하고, 십자가를 바라보며 나를 향한 하나님의 음성을 듣기 바랍니다. 그리고 하나님의 위대하심을 고백할 수 있기를 바랍니다. 누굴 만나든 무얼 보든지 나를 위해 간구하시고 위로하시는 성령님의 손길을 느끼려고 노력해 보십시오.

하나님을 묵상한 후 침묵하면, 다른 사람의 단점이 보이기보다 자신의 모습이 보입니다. 하나님을 묵상하고 자신의 생각을 하나님의 생각으로 채우면, 하나님이 원하시는 행동이 나오게 될 것입니다. 그리고 그 하나님의 생각은 우리에게 이런 확신을 줄 것입니다.

당신은 나의 구원이십니다.
당신은 나의 반석이십니다.
당신은 나의 요새가 되십니다.

어떤 상황과 환경에서도 이 고백을 할 수 있는 성숙한 신앙인이 되시길 바랍니다. 사람을 통해, 환경을 통해, 또 말씀을 통해 이야기하시는 하나님의 음성을 들어서 어디를 가든 무엇을 하든 늘 평안한 삶을 살기를 기도합니다.

침묵기도 매뉴얼

❶ 시간적, 공간적으로 여유 있는 환경을 만드십시오.

❷ 하나님께 마음을 집중하는 시간을 가지십시오.

❸ '집중의 침묵'에서 '열린 침묵'으로 나아가십시오.

Manual

나의 침묵기도

∞ 침묵기도를 통하여 내 삶을 이끄시는 하나님의 주권과 섭리를 인정하며 고백합시다. 삶의 작은 부분까지도 하나님께 완전히 맡겨 드렸을 때 주시는 '오늘의 인도하심'을 깨닫고 정리해 봅시다.

∞ 나만의 특별하고 한적한, 하나님과 대화할 수 있는 시간과 공간을 정해 봅시다. 그곳에서 하나님과 친밀하고도 깊은 교제를 나눠 봅시다.

기도문

내 영혼의 주인이신 하나님!

내 영혼이 잠잠히 주님을 바라봄으로 평안 얻기를 원하나이다. 지금 내 모든 생각은 주님과 나의 관계를 방해하고 내 마음을 빼앗아 갑니다. 그러나 나는 오직 주님을 생각함으로 주님이 주신 안식 가운데 머무르기를 원합니다. 나의 생명이신 하나님이시여! 주님의 평안을 내려 주옵소서. 나 자신을 잊고 주님과 하나 되어 주님 한 분만으로 만족하게 하소서. 오직 주님만 사랑합니다. 오직 주님만 기다립니다. 우리 주 예수 그리스도의 이름으로 기도합니다. 아멘.

5

중보기도

중보기도는

다른 사람 혹은

사건을 위해 드리는 기도다.

3 내가 너희를 생각할 때마다 나의 하나님께 감사하며 4 간구할 때마다 너희 무리를 위하여 기쁨으로 항상 간구함은 ____빌립보서 1:3-4

◆ ◆

중보기도는 내가 받은 은혜를 흘려보내는 것

만나교회에서는 매일 새벽기도회를 열고 있습니다. 그리고 매년 2회 '변화산새벽기도회'를 엽니다. 부목사님들과 제가 기도를 인도하는 이유는 무엇보다도 성도들의 기도 줄을 잡아 주기 위해서입니다. 혼자 어디서든 기도를 잘하는 분도 있지만, 그렇게 하기 어려운 분들을 함께 이끌고 가기 위해서입니다. 그런데 어느 날 문득 이런 생각을 했습니다.

'내 기도는 언제 하나⋯ 나도 기도하고 싶은데⋯.'

언젠가 기도회를 마치고 난 후, 어떤 성도로부터 "오늘 아침은 얼마나 홀가분하게 기도했는지 몰라요. 남 신경 쓸 필요 없이 내 기도를 충분히 했거든요"라는 말을 들은 적이 있습니다. 그 마음이 충분히 공감이 되었습니다. 그러면서 한편으로 오래전 일이 생각났습니다.

언젠가 새벽에 찬양단에서 플루트를 불던 학생이 "목사님, 저도 연주 말고 기도하고 싶어요"라고 말했습니다. 그때 옆에 있던 그 학생의 엄마가 이렇게 말했습니다.

"네가 기도하지 않아도 돼. 네가 저 사람들의 기도를 연주로 돕고 있으니까. 하나님은 네 마음을 아셔. 네 기도는 하나님께 이미 전달되었을 거야."

이 말이 제게도 소중한 대답이 되었습니다. 매일 새벽을 깨우는 중보기도 대원들도, 찬양대로 섬기는 분들도 남이 아닌 자신을 위한 기도를 하고 싶은 갈증이 있을 것입니다. 그들에게도 이 말이 동일한 대답이 될 것이라고 생각합니다.

우리는 때때로 중보기도가 손해 보는 일이라고 생각합니다. 어쩌면 우리 믿음이 아직 거기까지는 다 다르지 않았다고 생각할지도 모릅니다. 하지만 누군가를 위해 기도할 때, 이미 내 기도를 들으시고 하나님이 일하십니다. 나를 영적 전사로 만들어 승리하게 하시는 하나님의 은혜를 경험하시길 바랍니다.

사실 누군가를 위해 기도한다는 것이 얼마나 부담되는지 모릅니다. 남을 위해 기도한다고 치사(致謝)

를 듣는 것도 아니고 인정을 받는 것도 아닙니다. 인간은 태생적으로 이기적인 존재입니다. 사실 우리들 대부분은 자기 문제에만 집중해 기도하지 않습니까? 그럼에도 불구하고 내 기도를 뒤로하고 누군가를 위해 먼저 중보한다면 그는 성숙한 신앙인입니다.

그러나 "내가 당신을 위해 기도합니다"라고 말하여 생색내고 싶은 욕망은 지양해야 합니다. 그런 마음으로는 지속적으로 중보할 수 없습니다. 중보기도는 내가 하나님께 받은 은혜를 다른 사람에게 흘려보내는 겁니다. 그 기도가 얼마나 귀한지를 믿는 것입니다.

어린 삼남매를 둔 한 과부가 생계를 위하여 거리에서 호떡을 만들어 팔고 있었습니다. 혹독한 추위와 어려움 속에서 호떡을 파는 과부에게 한 노신사가 와서 물었습니다.

"아주머니, 호떡 하나에 얼마입니까?"

과부는 추위에 웅크러드는 목을 펴고는 대답했습니다.

"천 원이요."

그러자 노신사는 지갑에서 천 원짜리 지폐 한 장을 꺼내 놓고는 가 버렸습니다. 과부는 얼른 호떡을 싸서 들고 신사를 불렀습니다.

"아니 손님, 호떡 가져가셔야죠!"

과부의 말에 노신사는 빙그레 웃으며 말했습니다.

"아뇨, 괜찮습니다. 위가 좋지 않아서요. 먹은 셈 치겠습니다."

그런데 다음 날 그 노신사가 또 와서 천 원을 놓고는 그냥 갔습니다. 그다음 날도 또 그다음 날도 하루도 빼먹지 않고 매일 천 원을 놓고 가는 것이었습니다. 그렇게 봄, 여름, 가을이 지나고 마침내 크리스마스 캐럴이 울려 퍼지는 겨울이 왔습니다. 함박눈이 소복이 쌓인 그날도 노신사는 어김없이 찾아와 빙그레 웃으며 천 원을 놓고 갔습니다. 그때 과부가 몹시 상기된 얼굴로 황급히 따라 나오며 말했습니다.

"저, 손님, 호떡 값이 올랐거든요."

사람들이 감사를 잃어버리는 이유는 누군가로부터 받은 선행을 당연한 일로 받아들이기 때문입니다. 그러면서 계속 무언가를 요구합니다. 중보기도는 선행이 아닙니다. 중보를 선행으로 생각한다면 상처를 받을 수밖에 없습니다. 누군가를 위해 기도하는 것은 우리가 받은 하나님의 은혜에 대한 당연한 행위가 되어야 합니다.

무엇보다 중보기도는 영적 전쟁에 참여하는 일입니다. 신앙을 지키는 일은 전투입니다. 외적으로는 사람이나 돈과의 문제로 보일지 모르나 그 내면에는 영적인 문제가 있습니다. 중보는 우리를 영적 투사로 만들어 줍니다. 훌륭한 투사는 연습으로 되는 게 아니라 전쟁을 통하여 상처도 경험하고 치열한 싸움도 하는 가운데서 만들어집니다. 중보기도는 영적 전쟁에 참여하는 일입니다. 가령 사경을 헤매고 있는 환자를 위해 기도할 때, 우리는 환자의 사투에 함께 참여하게 됩니다. 영적으로 힘을 보태는 일인 것입니다.

제가 미국 병원에서 원목으로 일한 적이 있습니다. 그곳에서 환자를 위해 기도하는 사역이 얼마나 귀한지 알았습니다. 실제로 그 병원에선 중보기도가 치료에 미치는 영향을 실험했습니다. 한 그룹은 의료적인 치료만 하고 다른 그룹은 중보기도와 함께 치료를 했습니다. 실험 결과는 어땠을까요? 중보기도한 그룹이 의료 행위만 한 그룹에 비해 월등한 치료 효과를 보였다고 합니다.

저도 그 병원에서 중보기도의 힘을 경험했습니다. 제가 미국에 온 지 1년밖에 안 된 때에 병원에서 일한지라 영어가 몹시 서툴렀습니다. 노트에 기도문을 적어서 읽어 보았지만, 성에 차지 않아서 환자에게 한국말로 기도해도 좋겠냐고 묻고는 기도를 했습니다. 환자와는 말이 통하지 않았지만 환자도 저도 성령의 교통하심을 체험할 수 있었습니다. 기도는 언어의 문제를 넘습니다. 언어가 달라도 영적으로 교통할 수 있습니다.

중보기도는 연합군으로 싸우는 영적 전쟁

내가 너희를 생각할 때마다 나의 하나님께 감사하며 간구할
때마다 너희 무리를 위하여 기쁨으로 항상 간구함은 _빌 1:3-4_

사도 바울은 감옥 안에서 멀리 떨어진 빌립보 교
인을 위해 기도하고 있습니다. 자신의 양들을 늘 생
각하고 그들을 위해 중보기도하며 하나님께 감사하
고 있습니다.

'변화산새벽기도회' 때는 성도들이 적어 준 기도
제목을 가지고 교역자들이 일제히 기도할 뿐 아니라
중보기도팀이 24시간 쉬지 않고 기도하고 있습니다.
그렇기에 이 기도회가 가장 강력한 영적 잔치를 만들
어 내고 있습니다.

'변화산새벽기도회'를 시작할 즈음 몇 년 동안은
전 교인의 기도 제목을 보고 몇 시간씩 기도했습니
다. 지금은 죄송하게도 모든 성도들의 기도 제목을
다 볼 수 없습니다. 교구 목사님과 부서에서 먼저 보

고 난 후 다급하거나 특별한 기도 제목들을 저에게 보내면 그분들을 위해 기도합니다. 그러나 교인들의 얼굴을 다 기억하지 못하므로 그저 기도할 따름입니다. 그런데 놀랍게도 교인들을 만나면 영상처럼 제 머릿속에서 기도 제목이 생각납니다.

기억력이 대단하다고요? 그렇지 않습니다. 기억력이 좋았다면 교인들의 이름을 보고 그들의 얼굴도 생각나야 하지 않겠습니까? 하지만 기도 제목을 보고 이름을 보아도 도무지 얼굴과 연결되지 않습니다. 제 기억력과 암기력은 그렇게 형편없습니다.

그렇다면 어째서 기도한 후에는 그 사람의 기도 제목과 얼굴을 매치할 수 있는 걸까요? 이것은 제 노력이 아닙니다. 하나님이 주신 '영감'이라고 생각합니다. 이것이 중보기도의 힘입니다. 중보기도는 생각하지 못했던 걸 생각나게 하고, 깨닫지 못한 것을 깨닫게 합니다. 중보기도할 때 하나님이 역사하십니다.

우리가 개인적인 기도를 할지라도 이를 위해 함께 기도하는 중보자들이 있을 때 그것은 연합군을 이른 영적 전투가 됩니다. 그만큼 힘이 세지는 겁니다.

> 그때에 아말렉이 와서 이스라엘과 르비딤에서 싸우니라 모세가 여호수아에게 이르되 우리를 위하여 사람들을 택하여 나가서 아말렉과 싸우라 내일 내가 하나님의 지팡이를 손에 잡고 산꼭대기에 서리라 여호수아가 모세의 말대로 행하여 아말렉과 싸우고 모세와 아론과 훌은 산꼭대기에 올라가서 모세가 손을 들면 이스라엘이 이기고 손을 내리면 아말렉이 이기더니 모세의 팔이 피곤하매 그들이 돌을 가져다가 모세의 아래에 놓아 그가 그 위에 앉게 하고 아론과 훌이 한 사람은 이쪽에서, 한 사람은 저쪽에서 모세의 손을 붙들어 올렸더니 그 손이 해가 지도록 내려오지 아니한지라 여호수아가 칼날로 아말렉과 그 백성을 쳐서 무찌르니라 출 17:8-13

전쟁에서 앞장서 싸운 사람은 여호수아입니다. 여호수아는 이 전쟁을 승리로 이끈 주인공입니다. 하지만 이 전쟁에는 중보기도로 영적 전쟁을 함께 치른 모세가 있습니다. 그리고 모세가 지칠 때마다 그의 중보기도를 도왔던 아론과 훌이 있습니다.

이 전쟁은 전쟁터에서 직접 싸운 여호수아와 중보로 기도한 모세, 그리고 모세를 도운 아론과 훌이 연합군을 이룬 영적 전쟁이었습니다. 이 연합의 영적 전쟁에 하나님이 역사하시므로 전쟁에서 이길 수 있었습니다. 누군가를 위해 기도하는 그 시간, 영적 전쟁이 일어납니다.

다음은 스코틀랜드의 목회자인 포사이스(P.T. Forsyth)가 한 말입니다.

"우리가 결단의 골짜기에 더 깊이 내려가면 내려갈수록 기도의 산으로 더 높이 올라가야만 하며, 하나님을 설득하고자 하는 것이 주 관심사인 사람들의 두 손을 떠받쳐 주어야만 한다."

심각한 인생의 문제를 가지고 골짜기로 내려갈 때 우리는 기도의 산으로 높이 올라가 그 사람을 떠받쳐 주어야 합니다. 교회의 사명을 감당하려면 성도들의 중보기도가 절실히 필요합니다. 가정이 영적으로 세워지길 원한다면 가정을 위해 중보해야 합니다.

우리의 결단의 골짜기가 깊을수록 중보기도의 영적 전투가 치열하게 일어나고 있음을 믿으며 함께 기도해야 합니다.

영의 눈을 들어서 보십시오. 혹 결단의 골짜기에 깊이 내려간 사람이 없는지, 지금 내가 그 손을 들어 함께 기도할 사람이 없는지, 영적 전투에서 사경을 헤매고 있는 사람은 없는지, 기도하다 지쳐서 힘을 잃고 낙심한 사람은 없는지 눈을 들어서 보십시오.

누가 중보기도자인가

이제 우리는 심각한 질문에 봉착하게 되었습니다. 과연 나에게 중보기도자의 사명을 감당할 자격이나 능력이 있는가 하는 것입니다.

구약시대에는 제사장이 하나님과 우리 사이의 중보자 역할을 했습니다. 오직 대제사장만이 지성소에 들어가 우리의 죄를 사하는 중보기도를 할 수 있었습니다. 그렇다면 신약시대에는 누가 우리와 하나님 사이의 중보자입니까?

> 죽으실 뿐 아니라 다시 살아나신 이는 그리스도 예수시니
> 그는 하나님 우편에 계신 자요 우리를 위하여 간구하시는
> 자시니라 롬 8:34

바울은 예수님이 우리를 위해 간구하는 중보자라고 말하고 있습니다. 히브리서 기자도 멜기세덱의 반차를 좇아 영원한 제사장이 되신 예수님이 "항상 살아 계셔서 그들을 위하여 간구"(히 7:25)하신다고 했습니다. 예수님이 영원한 대제사장이 되셔서 우리를 위해 중보하신다는 것입니다. 그런데 베드로전서는 우리가 바로 제사장이라고 말합니다.

> 너희는 택하신 족속이요 왕 같은 제사장들이요 벧전 2:9

예수 그리스도를 믿는 우리가 세상을 위한 중보

자로 임명받았다는 겁니다. 그러므로 그리스도인은
모두가 중보기도자로 부름받은 사람들입니다. 하나
님 앞에 나갈 수 있는 제사장이 되었기 때문입니다.
　제사장에게는 어떤 권한이 있습니까?

> 여호와께서 모세에게 말씀하여 이르시되 아론과 그의 아들
> 들에게 말하여 이르기를 너희는 이스라엘 자손을 위하여 이
> 렇게 축복하여 이르되 여호와는 네게 복을 주시고 너를 지
> 키시기를 원하며 여호와는 그의 얼굴을 네게 비추사 은혜
> 베푸시기를 원하며 여호와는 그 얼굴을 네게로 향하여 드사
> 평강 주시기를 원하노라 할지니라 하라 그들은 이같이 내
> 이름으로 이스라엘 자손에게 축복할지니 내가 그들에게 복
> 을 주리라 민 6:22-27

　제사장이 입을 열어 축복하면, 하나님이 그 복을
주겠다고 하십니다. 우리가 입을 열어 누군가를 축복
하면 하나님이 그대로 이뤄 주시겠다는 것입니다. 그
러므로 믿음으로 축복하는 일이 얼마나 귀한지 모릅

니다. 그러니 우리의 말 한마디에 얼마나 큰 능력이 있는 겁니까?

수년 전에 다른 교회에서 집회를 마치고 왔는데, 어떤 분이 저에게 물었습니다.

"목사님, 이번 성회 기간은 뭔가 다르지 않았나요?"

질문을 듣고 나서야 곰곰이 생각해 보니 그 기간 동안 목이 아프지 않았다는 걸 알았습니다. 저는 본래 성대가 약해서 한 주간에 10회 이상 설교하면 목이 아파서 고생을 많이 합니다. 사람들에게 중보를 부탁할 때도 목이 아프지 않게 기도해 달라고 합니다. 그런데 신기하게도 그 집회 기간 동안 목이 전혀 아프지 않았습니다. 그리고 놀랍게도 그 후 약한 성대 때문에 고생하지 않게 되었습니다. 최근엔 목소리 좋다는 말까지 들었습니다. 어떤 목사님이 길을 가다가 방송에서 듣기 좋은 목소리가 흘러나와 유심히 들어 보니 제가 설교하더랍니다. 10년 전의 제 목소리와는 아주 딴판이라고 했습니다.

무슨 일이 일어난 겁니까?

제가 집회를 가면 저희 교회 중보기도 대원들이 함께 기도해 줍니다. 주일에 설교할 때면 예배 시간 내내 중보기도실에서 기도해 줍니다. 설교는 제가 하지만, 제 뒤에는 중보기도로 영적 싸움을 해주는 중보기도자가 있습니다. 그러니까 저를 위해 기도해 준 중보기도자들 덕분에 저의 약점이던 목소리가 이제 강점이 된 것입니다. 하나님이 약점을 강점으로 바꾸어 주셨습니다.

언젠가 '변화산새벽기도회'를 인도하고 나왔는데 몸이 몹시 피곤했습니다. 그도 그럴 것이 전날에 늦게 자고 새벽 3시 반에 일어나서 예배를 인도하고 낮 동안은 심방을 다녔더니 몸에 과부하가 걸린 것입니다.

그런데 기가 막힌 하나님이시지요. 컴퓨터를 켜고 이메일을 열었는데 저를 위해 중보기도하고 있다고, 힘을 잃지 말라고 격려하고 위로하는 편지가 도착해 있었습니다. 또 아침에는 어떤 분이 전화해서 기도하고 있으니 힘내라고 했습니다. 정말 힘이 났습니다. 좀 전까지도 죽을 것 같았는데 금세 활기를 되찾을 수 있었습니다.

우리가 하는 그 기도가 얼마나 능력이 있는지를 믿으시기 바랍니다. 하나님이 우리의 기도를 일일이 듣고 계신다는 걸 믿으시기 바랍니다.

우리는 모두 중보기도자로 부름받은 사명자들입니다. 누군가를 위해 기도할 수 있다는 것이 얼마나 감사한 일인지요. 우리가 기도할 때 성령님이 함께 간구해 주십니다. 그러니 우리가 얼마나 대단하고 놀라운 일을 하고 있는지 모릅니다.

중보기도자로 부름받은 우리 모두가 기도하는 모습을 상상해 봅니다. '기도 합주회'. 멋진 연주가 울려 퍼지고 하늘로 상달되는 금향로의 기도! 지금 당장 그 놀라운 기도에 함께하시기 바랍니다. 그리고 우리의 기도를 듣고 응답하시는 하나님의 역사를 경험하시기 바랍니다.

중보기도 매뉴얼

❶ 중보하는 대상을 사랑하는 마음이 일어나도록 기도 전에 잠시 그를 생각하십시오.

❷ 나의 바람을 구하지 말고 그 사람을 하나님의 인도하심에 맡기십시오.

❸ 그 사람을 위해 할 수 있는 일을 기도 중에 찾으십시오.

❹ 기도의 관심(이웃 → 나라 → 세계)을 넓히십시오.

❺ 중보기도 노트를 만들고, 중보기도 네트워크를 구성하십시오.

Manual

나의 중보기도

∞ 내가 연합군이 되어 함께 영적 전쟁을 감당해야 할, 지금 중보기도 해야 할 사람들을 구체적으로 떠올리고 적어 봅시다.

∞ 예수 그리스도를 믿는 믿음으로 중보자가 되었다는 사실을 기억합시다. 나의 중보기도에 능력이 있음을 믿음으로 선포합시다.

기도문

응답하시는 하나님!

내가 무력하여 아무것도 할 수 없어도 당신께 기도할 수 있으니 감사합니다. 주님은 몸소 기도의 본을 보여 주시며 기도 외에는 이런 종류가 나갈 수 없다 하셨습니다. 새벽 미명에, 밤이 맞도록, 한적한 곳에서 기도하시며 우리에게 기도의 능력을 가르쳐 주셨습니다. 주님! 우리도 주님처럼 기도하게 하옵소서.

이 땅의 외롭고 병든 자를 위하여, 죄악 속에서 죽어가는 영혼을 위하여, 주님의 나라와 뜻이 이 땅 위에서 이루어지도록 기도하게 하소서. 내 이름으로 무엇이든지 구하면 내가 시행하리라 주님은 약속해 주셨습니다. 그러므로 오늘도 주님의 사랑으로 기도하오니 응답하여 주옵소서. 우리 주 예수 그리스도의 이름으로 기도합니다. 아멘.

금식기도

금식기도는

모든 것을 내려놓고 기도에 전념하기 위해

의도적으로 식사를 하지 않으면서 하는 기도다.

예수께서 그들에게 이르시되 혼인집 손님들이 신랑과 함께 있을 동안에 슬퍼할 수 있느냐 그러나 신랑을 빼앗길 날이 이르리니 그때에는 금식할 것이니라

___ 마태복음 9:15

◆ ◆

금식기도는 왜 하는가

금식기도는 우리 육신의 욕망을 잠재우고 하나님
만을 바라보겠다는 신앙 고백입니다. 가장 원초적인
육신의 욕망인 식욕을 참으며 기도할 때, 다른 욕망
도 이길 수 있다는 상징적인 의미를 포함한다고 생각
합니다.

우리 욕망을 잠재우면 하나님의 뜻이 보입니다.
기도생활을 하면서 하나님의 뜻을 발견하지 못하는
것은 우리의 욕심이 앞을 가리기 때문입니다. 금식
기도의 큰 유익은 자기 욕망을 잠재울 수 있다는 것
입니다. 자기 욕망과 성급함으로 하나님보다 앞서갈
때 우리는 실망하고 실패할 때가 많습니다.

예수님은 공생애를 시작하기 전에 40일 동안 광
야에서 금식하셨습니다. 약해진 육신을 마귀가 공격
하였지만 예수님은 사탄의 유혹을 말씀으로 이기셨
습니다. 육신의 욕망을 잠재우고 나면, '나'의 모습이
선명하게 보이기 시작합니다. 무엇이 나의 욕망이고

무엇이 하나님의 뜻인지 분별할 힘이 생깁니다.

어느 목사님의 이야기를 나눠 보려고 합니다.

어느 교회에 등산을 너무 좋아해서 주일 예배에 잘 빠지는 집사님이 있었습니다. 교회에는 남자가 몇 명 없던 터라 꼭 필요한 일꾼이었는데, 그 집사님이 자주 주일을 빼먹으니 목사님은 속이 상했습니다. 교회에서 중요한 회의가 있던 그날도 임원인 그 남자 집사님이 빠졌습니다. 그를 잘 아는 친구 집사님에게 물었더니 역시나 등산 갔다고 했습니다. 화가 난 목사님이 감정이 격해져서 험악한 말이 나오고 말았습니다.

"또 등산이에요! 에이, 산에 오르다가 다리나 부러져라."

이미 쏟아진 물이지만 목사님은 내내 그렇게 말한 것이 마음에 걸렸습니다. 그 친구 집사님이 분명히 말을 옮길 것이고, 그랬을 때 성격이 보통이 아닌 그 집사님이 그냥 넘어가지 않을 것이 걱정되기도 했습니다. 아니나 다를까 저녁 시간이 되었을 때 문을 두드리는 소리가 났습니다. 문을 열고 나가 보니 역시 등산 때문에 주일 예배를 빠진 그 남자 집사님이었습니다. 그런데 그의 양손엔 과일 꾸러미가 들려 있었습니다. 얼떨떨한 얼굴로 서 있는 목사님에게 그 집사님이 말했습니다.

"죄송합니다. 오늘같이 중요한 날 또 등산을 가고 말았습니다. 그런데도 아까 저의 친구가 말하길, 목사님께서 날씨도 추운데 옷이나 잘 입고 가셨는지 모르겠다며 걱정해 주셨다고 하더군요. 너무 감사해서 이렇게 과일을 들고 왔습니다."

목사님은 이 말을 듣고 감동을 받았습니다. 그리고 자신의 입장을 고려해 준 그 친구 집사님이 한없이 고마웠습니다.

우리는 왜 육신의 욕망을 이겨야 합니까? '욕망'은 죄성으로 하나님의 마음과 대치될 때가 참 많기 때문입니다. 육신의 욕망이 하나님을 향한 열망과 대치되는 경우가 많습니다. 욕망은 우리를 '급함'으로 인도하고, 급함은 우리의 삶에서 치명적인 실수를 유발하기도 합니다. 육신의 욕망을 추구하면 삶에 만족함이 없습니다. 욕망이란 마치 블랙홀 같아서 점점 더 강하게 모든 것을 빨아들이기 때문입니다.

왜 금식기도를 합니까?

육신의 욕망을 잠재우기 위해서입니다. 더 이상 육신의 욕망에 사로잡히지 않기 위해서입니다. 욕망을 죽일수록 하나님의 뜻을 따라 살아갈 수 있습니다.

경제에서 '거품경제'(Bubble Economy)란 용어가 자주 사용됩니다. 처음 거품경제라는 말이 쓰인 게 네덜란드에서였습니다. 튤립 때문에 '거품경제'가 시작된 것입니다. 1634년 선물시장이 활성화되면서 부자들뿐 아니라 서민들도 자신의 재산을 털어 선물시장에 뛰어들었습니다. 너나할 것 없이 일확천금을 노린 투기였습니다. 기록에 의하면, 1635년 튤립 구근 한 개당 가격이 2500플로린까지 올랐다고 합니다. 2500플로린은 당시 네덜란드 근로자 연평균 소득의 17배가량에 해당되는 가격입니다. 오늘날로 환산하면 3억

3천만 원 정도 됩니다.

이렇게 어이없는 가격에 거래되는데도 사람들은 튤립을 사지 못해 안달이었습니다. 1637년 2월 소위 '튤리포마니아'(Tulipomania, 튤립 광풍)의 기세가 꺾이더니 마침내 튤립 가격이 10분의 1로 폭락했습니다. 이유는 간단합니다. 더 이상 부풀어 오를 수 없어서 거품이 꺼진 것입니다.

당시 유럽 경제의 중심이던 네덜란드는 큰 혼란에 빠졌고, 그 혼란은 유럽 전체로 퍼져 경제공황이 닥치고 말았습니다.

지금 와서 보면 튤립으로 투기를 하다니 참 어처구니없지 않나요? 하지만 오늘날에도 튤립이 다른 것으로 대체되었을 뿐, 욕망은 끝없이 어리석은 짓을 갈구합니다. 일확천금의 욕망에 눈이 어두워 투자를 하고, 내 욕심을 채우려 자식을 컨트롤하며, 다른 사람을 내 의지대로 지배하려 하는 일들이 오늘날에도 빈번히 벌어지고 있습니다. 이것은 훗날 부메랑이 되어 얼마나 큰 후회의 후폭풍을 가져오는지 모릅니다.

금식은 내 중심에 무엇이 있는지 보여 준다

예수님이 광야에서 40일 금식 후 마귀에게 세 번 유혹을 받으셨습니다. 하나님이신 예수님이 왜 마귀에게 시험을 받으셨는지는 성경에서 잘 이해되지 않는 부분 중 하나입니다. 다만 이 땅에 오신 예수님이 인간과 똑같은 몸을 가지셨기에 같은 고통과 유혹을 받으셨다고 이해할 수 있습니다.

마귀가 가장 먼저 다음과 같이 예수님을 유혹합니다.

"네가 만일 하나님의 아들이거든 명하여 이 돌들로 떡덩이가 되게 하라."

예수님은 유혹하는 마귀에게 분명히 말씀하셨습니다.

"사람이 떡으로만 사는 것이 아니다!"

금식은 우리의 욕망을 잠재우며 무엇으로 살아가야 하는지 알게 합니다.

마귀가 두 번째로 예수님을 유혹합니다.

"네가 만일 하나님의 아들이거든 뛰어내려 봐라."

마귀는 기적을 행하라고 부추깁니다. 예수님이 말씀하십니다.

"(자신의 능력을 증명하려고) 주 너의 하나님을 시험하지 말라!"

우리는 때때로 하나님을 시험하려고 할 때가 있습니다. 자기 능력을 증명하려고 하나님을 시험합니다.

저에게 부끄러운 일이 하나 있습니다. 제가 만나교회 담임목사가 되고 나서 제 속에는 늘 해결할 수 없었던 문제가 있었습니다. 모든 목회자들이 존경과 인정을 받고 싶어 할 것입니다. 저에게 존경과 인정을 얻는 데 늘 걸림돌이 되는 건, 아버지가 목회하시던 교회를 제가 이어서 목회한다는 것, 소위 '세습'이라는 딱지였습니다. 저는 만나교회가 부흥하고 평안하다고 여겨질 즈음 떠날 생각을 했습니다. 사람들에게 비난과 욕을 먹으며 목회하기가 싫었기 때문입니다. 그래서 만나교회에서 목양을 하면서 동시에 개척하려고 건물과 땅을 보러 다녔습니다.

어느 날 하나님이 저에게 물으셨습니다.

"너 왜 개척하려고 하니?"

제 대답은 딱 한가지였습니다.

"제 능력을 증명하고 싶어요. 만나교회가 아니더라도 다른 곳에서 목회할 수 있다는 걸 증명하고 싶어요."

하나님이 무섭게 질책하셨습니다.

"네 능력을 증명하는 것이 네게 맡겨진 양을 돌보는 것보다 귀하니?"

개척을 하고 안 하고의 문제가 아니었습니다. 제 능력을 증명하고 싶은, 끓어오르는 욕망이 문제였습니다. 하나님이 그것을 보여 주시는데 정말 무서웠습니다.

우리는 사명으로 살아간다고 하면서도 꿈꾸고 바라는 게 있습니다. 그리고 그 많은 일들을 하면서 우리의 능력을 증명하고 싶어합니다. 이때 하나님을 시험하고 싶은 유혹에 빠질 수 있습니다.

금식하며 내 욕망을 내려놓으면 하나님의 뜻을

보게 됩니다. '내 속에 이런 욕망이 도사리고 있구나'
깨닫게 되는 것입니다. 그래서 우리에게는 기도하며
끊임없이 욕망을 내려놓는 훈련이 필요합니다.

마귀가 세 번째로 예수님을 유혹합니다.

"내게 엎드려 경배하면 이 모든 것을 네게 주
겠다."

예수님이 말씀하십니다.

"주 너의 하나님께 경배하고 다만 그를 섬기라!"

우리는 금식기도를 통해 예수님의 이 일갈을 선
포할 수 있습니다. 헛된 욕망으로 얼룩진 우리의 모
습을 바라보고, 하나님 앞에서 우리의 욕망을 잠재우
는 훈련을 하는 것입니다. 우리를 유혹하는 많은 것
중에서 헛되고 내 중심적인 것이 무엇인지를 분명히
알게 되면 이길 수 있습니다.

예수님이 십자가의 고통을 당한 뒤 무덤에 계시
던 3일은 고통스러운 시간이었을 것입니다. 예수님
의 십자가 앞에서 뿔뿔이 흩어진 제자들도 똑같이 고
통스러웠을 것입니다. 예수님을 욕망의 수단으로 삼

고자 했던 그들은 예수님을 잃고 망연자실했습니다. 하지만 이 고통의 시간, 어둠의 시간은 부활의 영광을 맞이하기 위한 준비의 시간이었습니다.

금식은 하나님과 대결하는 것이 아니다

우리의 욕망을 잠재우는 금식은 고통을 가져다주지만, 그 고통을 넘어서 하나님의 뜻을 발견하게 되는 기대의 시간을 안겨 주기도 합니다.

신랑을 빼앗길 날이 이르리니 그때에는 금식할 것이니라
마 9:15

'그때'는 주님이 계시지 않은 날입니다. 하나님이 보이지 않고, 나를 향한 하나님의 뜻이 보이지 않을 때, 내 욕망으로 주님이 보이지 않는 순간이 바로 금식이 필요한 때입니다.

하지만 우리는 뭔가 중대한 문제에 봉착했을 때 금식해야 한다고 생각합니다. 금식기도를 통해 위기를 이겨 낸 사람들의 얘기를 듣고 도전을 받기도 합니다. 그래서 하나님의 뜻을 내 뜻으로 바꿔 놓고자 금식기도를 시도합니다.

하지만 금식기도는 하나님과 대결하기 위해서 하는 것이 아닙니다. 도리어 하나님의 기쁨이 되기 위해 금식기도를 해야 합니다.

요나가 니느웨에 가서 40일 후에 있을 하나님의 심판을 예고하자, 니느웨 왕이 금식령을 선포했습니다. 그러자 주민들뿐 아니라 가축까지 함께 금식하며 회개했고, 그 결과 하나님은 니느웨를 멸망시키려던 계획을 취소하셨습니다.

니느웨 사람들의 금식은 하나님과 대결하기 위한 것이었습니까, 아니면 하나님의 기쁨이 되는 것이었습니까?

하나님은 니느웨 백성의 복된 삶을 누구보다 간절히 바라셨습니다. 그들을 향한 심판의 선언은 악행

6 ——— 금식기도 145

에서 돌이키기 위함이지 정말로 심판하기 위함이 아니었습니다. 그러니 니느웨 사람들이 금식하고 회개했을 때 하나님이 얼마나 기뻐하셨겠습니까?

금식을 통해 하나님을 굴복시켜 하나님이 원하시지 않는 행동을 하도록 만든 예는 성경에 없습니다. 인간의 금식기도는 자신의 의지와 결단을 하나님께 표현하는 수단일 뿐입니다. 하나님은 그 진실성을 보시고 그분이 원하는 일을 하십니다.

우리아의 아내와 간통해 낳은 아기가 병에 걸리자 다윗은 '올 것이 왔다'고 생각하고 금식하며 잘못을 저지른 자신을 징벌하고 아기는 살려 달라고 매달렸습니다(삼하 12:15-23). 하지만 아기는 결국 죽고 말았습니다. 다윗의 죄는 가볍지 않았고, 하나님은 뜻을 돌이키지 않으셨습니다.

그러나 금식하는 다윗의 모습을 하나님은 기뻐하셨습니다. 비록 다윗이 죄의 대가를 치렀지만 하나님은 금식하며 기도하는 다윗을 버리지 않으셨습니다. 그리고 다윗은 금식을 통해 하나님이 자신의 기도를 들어주시지 않은 것을 원망하지 않고 도리어 철저히 회개하게 되었습니다.

그러므로 금식은 하나님과의 관계 속에서 해야 합니다. 하나님의 마음을 돌이키겠다는 목적을 위해서가 아니라 하나님의 마음에 합당한 사람이 되기 위해 금식해야 합니다. 하나님을 더 분명하게 만나기 위해 금식해야 합니다.

많은 분들이 기도원에서 금식기도 하면서 오히려 헛된 것을 붙잡고 내려오는 경우가 많습니다. 금식하며 하나님의 뜻을 발견해야 하는데 자기 속의 욕망을 내려놓지 못하고 오히려 더 강포해져서 오는 겁니다.

기도원에 가서 예언기도를 받고 자기의 진로를 갑자기 바꾸는 사람도 있습니다. "기도해 보니 당신은 하나님의 종이 되어야겠습니다. 신학하십시오." 이런 이야기가 가장 많습니다. 금식은 내가 하는데 왜 그 사람에게 예언기도를 받습니까? 금식기도하러 가서 왜 상담을 받습니까? 그 사람이 여러분의 절박함을 얼마나 안다고 여러분의 인생길을 그토록 쉽게 바꿉니까?

저는 기도하는 교인들이 쉽게 그런 결정과 선택을 하는 걸 보면 참 안타깝습니다. 내 인생의 문제를 왜 다른 사람에게 묻습니까? 하나님 앞에 결단하고, 내 욕망의 문제를 내려놓으면 하나님의 뜻이 무엇인지 알게 될 텐데 왜 다른 사람에게 미룹니까? 내가 하나님 앞에 기도로 씨름하려 하지 않고 왜 인생을 쉽게 살려고 합니까?

기도원에 갔다 와서 인생이 잘못되는 사람이 많습니다. 기도가 잘못이 아니라 잘못된 금식기도를 했기 때문입니다.

금식기도가 주는 세 가지 유익

금식은 무엇보다 기도에 전념하기 위한 한 가지 방법입니다. 우리가 말장난으로 '금식'과 '굶식'은 다르다고 말하는데, 바빠서 굶는 것이나 먹을 것이 없어서 굶는 것은 금식이 아닙니다. 금식기도가 주는 유익은 무엇일까요?

첫째, 기도를 위한 시간을 벌 수 있습니다.

하루 세 끼를 먹으려면 한 끼에 1시간씩 3시간을 쓰게 됩니다. 식사를 손수 준비하는 사람이라면 3시간 정도를 더 소비하게 되니까 도합 6시간을 쓰게 됩니다. 바로 이 시간을 버는 것입니다.

어떤 사람은 금식한다면서 기도는 하지 않고 먹는 것만 참습니다. 물론 인내심을 키울 수 있을지 모르지만 굶어서 기도하지 못하는 경우라면 금식이 아무런 의미가 없습니다.

대학 시절 방학을 마치고 등교했는데, 한 학우가 40일 금식을 하다 이틀을 남겨 놓고 죽었다는 소식이 들렸습니다. 너무나 안타까웠습니다. 이러한 일은 덕스럽지도 못합니다. 금식은 하나님의 사역을 감당하기 위하여, 하나님의 뜻을 발견하기 위하여 하는 것인데 금식하다 죽는다면 무언가 잘못된 일이지요.

둘째, 금식은 영적 생활에 좀 더 집중하도록 만듭

니다.

무슨 일을 하더라도 배고픔을 잊기는 어렵습니다. 저는 대학 시절 단식 투쟁을 한 경험이 있습니다. 데모를 하면서 5일을 굶어 보았는데, 인간이 얼마나 배고픔을 참지 못하는 존재인지, 그때 뼈저리게 경험했습니다.

그런데 육신이 너무 힘드니까 하나님만 간절히 의지하게 되고 그분만 바라보게 됩니다. 고통을 느끼는 것만큼이나 영적으로 집중할 수 있는 것입니다.

산에 올라가서 기도하면 좀 더 빨리 응답을 받는 경우를 봅니다. 그것은 산에 오르는 행위부터가 우리의 마음가짐을 다르게 하기 때문입니다. 어떤 사람은 산에 올라가면 하나님과 좀 더 가까이서 대화하게 된다고 말하는데, 산으로 오르는 그 행위 자체가 준비된 기도가 되기 때문입니다.

금식기도도 마찬가지입니다. 음식을 갈구하는 식욕을 억제하며 기도하는 것이기 때문에 이미 준비된 기도입니다. 응답받을 준비를 이미 하고 드리는 기도입니다. 내 욕망이 죽는 순간, 하나님의 역사가 일어나기 때문이지요.

언젠가 교역자들과 함께 일주일간 오전 금식을 한 적이 있습니다. 배고프니까 저절로 경건의 시간을 보내게 되더군요. 하지만 저녁을 먹고 나서는 금세 나른해지고 나태해졌습니다. 배고픔과 배부름에 반응하는 것이 인간의 본능인데, 본능에 충실할수록 영적으로 나태해지는 것은 부인할 수 없습니다.

셋째, 금식은 영적인 열망을 일깨워 줍니다.

인간에게는 식탐이 있습니다. 단순히 배부르기 위해 음식을 먹는 것이 아니라 맛있는 것을 먹기 위해 음식을 먹습니다. 식탐은 음식에 관심을 쏟게 만듭니다.

어느 수난 주간 때입니다. 기도에 대한 말씀을 가지고 매일 묵상하면서 한 주간을 지냈기에 간단히 저녁을 먹었습니다. 그러다 목요일에 아구찜을 맛있게 배불리 먹었습니다. 그런데 식사를 마치고 나오면서 저도 모르게 이런 생각을 했습니다. '내일은 뭘

먹지?' 맛있는 것을 먹으면 먹을수록 더 맛있는 것을 찾게 됩니다. 욕망은 제어하기가 참으로 힘듭니다.

토머스 아 켐피스(Thomas a Kempis)는 세상 물질의 맛에 깊이 빠져 영적인 열망을 잊어버리지 않게 해달라고 자주 기도했다고 합니다. 그리고 이 기도를 실현시키는 좋은 방편이 바로 금식이라고 했습니다. 금식은 언젠가 버리게 될 음식을 미리 버려 봄으로써 영적 음식의 중요성에 눈을 뜨게 해줍니다.

온전한 금식기도는 무엇인가

그런데 한 가지 궁금한 것이 있습니다. 도대체 얼마나 금식해야 적당한 것일까요?

어떤 사람은 하루 세끼를 모두 금식해야 한다고 하고, 어떤 사람은 물도 먹지 말아야 한다고 말합니다. 하지만 성경 어디에도 온전한 금식에 대한 언급은 없습니다. 금식하는 것을 자랑하거나 금식 자체가 목적이 된다면 온전한 금식이 아닙니다. 금식을 통해 무엇을 하는가가 분명할 때 금식이 큰 유익이 됩니다. 그러니 물까지 먹지 않는 '극한 금식'을 해야 하는 것도, 꼭 40일을 채워야 하는 것도 아닙니다.

그렇다면 온전한 금식은 무엇입니까? 대답은 간단합니다. '충분히 만족할 만큼'입니다. 한 끼를 걸러도 충분한 금식이 될 수 있습니다. 일주일 동안 금식하면서 기도에 전념할 수도 있습니다. 주님처럼 40일을 금식할 수도 있습니다.

시간을 채우는 것이 금식의 목적이 되어서는 안 되며, 자신의 의를 드러내는 것이 목적이 되어서도 안 됩니다. 금식했노라고 떠들고 다니는 순간 이미 실패한 금식입니다.

전통적으로 금식은 두 가지로 행해 왔습니다. 정기적 금식과 비정기적 금식입니다.

기독교 전통 중에 하나는 수요일과 금요일을 금식일로 지켜온 것입니다. 정기적으로 금식한 것입니다. 하지만 굳이 이것을 고집할 이유는 없습니다.

정기적인 금식이 유익한 이유는 늘 영적으로 깨어 있게 해주기 때문입니다. 육체적인 면에서도 정기적인 금식은 질병을 미리 예방하는 건강관리의 방법이 되기도 합니다. 그리고 이러한 금식을 하면, 40일씩 보따리를 싸들고 기도원에 들어가서 하나님과 대결하는 것을 미리 예방할 수 있습니다.

정기적인 금식을 하지 않는 사람에게는 비상의 비정기적 금식이 닥칠 위험이 있습니다.

하지만 금식하지 못하는 것, 혹은 정해진 규칙을 지킬 수 없는 것에 대하여 죄책감을 가질 필요는 없습니다. 그것이 율법이 되어 버리면, 오히려 우리의 영성 생활을 해치게 됩니다. 사도 바울은 "먹든지 마시든지 무엇을 하든지 다 하나님의 영광을 위하여 하라"(고전 10:31)고 했습니다. 불가피한 경우에는 감사하며 먹으면 됩니다. 먹는 것도 감사하고, 금식하는 것도 감사합니다.

금식이 영적인 위선이나 자만이 되지 않도록 주의해야 합니다. 예수님은 기도 시간을 어김없이 지키는 것을 훈장처럼 여기던 바리새인들을 향하여 "회칠한 무덤과 같은 자들", "독사의 자식들"이라고 질책하셨습니다. 오늘 우리에게도 예수님은 이렇게 질책하실 수 있습니다.

그리고 금식으로 현실을 외면해서는 안 됩니다. 금식을 하지 말라는 뜻이 아니라 금식 자체가 목적이 되고, 금식했다는 사실이 만족이 되어선 안 된다는 말입니다.

금식기도를 제대로 했다면 그 기도를 통해 하나님의 뜻을 더욱 분명하게 깨닫고 그 뜻을 실천할 수 있는 힘을 얻었을 것입니다. 그렇다면 금식 후에 사랑의 능력이 더 강해져야 합니다. 하지만 금식을 훈장처럼 생각하는 사람들은 그것 자체에 만족하고 맙니다. 하나님은 이러한 영성을 가증하게 여기십니다.

존 웨슬리(John Wesley)는 "금식은 선행과 함께 가야 한다"고 말했습니다. 금식과 자선을 병행하도록 요청한 것입니다. 금식기도는 사랑을 실천하는 것으로 마무리되어야 하기 때문입니다.

금식기도를 했으면 그 식비만큼의 돈이나 물품을
마련하여 기부를 하면 의미가 있을 것입니다. 오늘날
교회에서 금식하는 사람이 많아졌으면 좋겠습니다.
더불어 선한 일을 하는 사람들이 더욱 많아졌으면 좋
겠습니다.

금식기도 매뉴얼

❶ 금식으로 번 시간만큼 기도의 시간을 가지십시오.

❷ 물질의 맛에 길들여져 있는 감각을 제어함으로써 영적 생활에 좀 더 집중하십시오.

❸ 금식을 자랑하거나 자신의 영성에 대해 자만하지 않도록 조심하십시오.

❹ 금식의 한계에 도전하려는 유혹을 조심하십시오.

Manual

나의 금식기도

∞ 지금이 내 욕망 때문에 하나님이 보이지 않는, 금식기도
가 필요한 때는 아닌지 돌아봅시다.

∞ 금식기도가 주는 세 가지 유익과 "금식은 선행과 함께
가야 한다"는 말을 기억하며 하나님 앞에 온전히 드릴
수 있는, 나만의 금식기도 매뉴얼을 만들고 실천해 봅
시다.

영광스러운 하나님!

당신의 얼굴빛을 제게 비추어 주옵소서. 주님이신 당신 앞에 엎드려 경배합니다. 모든 소생하는 생명의 능력이 주님께만 있사오니 세상을 향한 완전한 단절로 당신의 도우심만을 구하겠나이다. 저의 양식은 당신의 사랑, 당신의 은총입니다. 많은 대적이 에워싸고 치려고 달려들어도 주님의 날개 아래 피하는 자는 복이 있습니다. 오직 주님의 임재만을 느끼며 성령으로 뜨거워지기를 원하나이다. 주여 임재하여 주옵소서. 저는 주님만 의지합니다. 우리 주 예수 그리스도의 이름으로 기도합니다. 아멘.

7

감사와 찬양기도

감사는 하나님이 나에게 주신 것에 대한 응답이요,

찬양은 하나님이 어떤 분인지를 깨달았을 때 생기는

감격의 표현을 담은 기도다.

1 내 영혼아 여호와를 송축하라 내 속에 있는 것들아 다 그의 거룩한 이름을 송축하라 2 내 영혼아 여호와를 송축하며 그의 모든 은택을 잊지 말지어다 ___시편 103:1-2

◆ ◆

행복하지 않은 엘리트주의

말콤 글래드웰(Malcolm Gladwell)의 책《다윗과 골리앗: 강자를 이기는 약자의 기술》에는 아주 흥미로운 이야기가 나와 있습니다.

1960년대 하버드대학의 입학처장을 맡았던 프레드 글림프는 '행복한 하위 4분의 1'로 알려진 정책을 도입합니다. 그는 '능력에 관계없이 모든 반에는 하위 4분의 1이 있다. 아주 능력 있는 집단 안에서조차 스스로를 평범하다고 느끼는 심리는 과연 어떤 영향을 미칠까? 하위 4분의 1에 머물러 있더라도 행복하거나 대부분의 교육을 잘 소화할 수 있는, 심리적이거나 또는 뭔가 다른 내성을 지닌 학생들의 유형을 파악할 수 있을까?'라는 고민을 하게 됩니다.

최고의 대학인 하버드대학에서도 최상위권 학생들을 제외하고는 모두가 열등감에 기가 꺾인다는 것을 알고 있었기에, 이미 충분한 성취욕을 경험해서 공부를 못해도 기가 꺾이지 않을 학생들을 모으게 됩니다. 바로 학문적 능력은 많이 떨어지지만 재능 있는 선수들을 상당수 받아들이는 관행을 만들기 시작한 것입니다. 하버드대학의 미식축구팀이 그래서 만들어졌습니다. 교실에서 누군가 총알받이가 되어야한다면, 미식축구 경기장에서 다른 충족감을 느낄 수있는 사람이 좋을 것이라는 논리에 근거한 것입니다.

미국의 소수우대정책도 아주 흥미롭습니다. 소수우대정책은 로스쿨에서 더욱 공격적으로 실행되었는데, 흑인 학생들은 원래 자신이 다닐 수 있는 학교보다 한 단계 더 높은 로스쿨에 다닐 기회를 종종 제공받게 됩니다. 그 결과는 어떨까요? 법학 교수 리처드 샌더에 따르면, 미국 로스쿨에서 아프리카계 미국인 학생 가운데 절반 이상인 51.6%가 자기 반에서 하위 10%에 포함되며, 약 4분의 3이 하위 20%에 속한다고 했습니다.

제가 미국에 있을 때 미국 최고의 대학을 다니는 한국 학생들의 좌절을 종종 목격했습니다. 좋은 대학을 다니면서 성취감을 느끼는 학생은 전체의 10%밖에 되지 않습니다. 나머지는 좌절하고 결국은 평범하게 됩니다. 반면에 아이비리그에 입학하는 학생들이 쳐다보지도 않는 학교에 다니면서 상위 10%의 성적을 내는 학생들은 졸업 후 명문대 학생들의 하위 그룹보다 훨씬 더 많은 성취를 이루어 내는 것을 볼 수 있습니다.

이 같은 사실이 어떻게 느껴집니까? 저는 좋은 엘리트들이 많이 나와서 세상을 이롭게 했으면 좋겠습니다. 그러나 엘리트 지향에 목표를 두어 감사와 기쁨을 잃어서는 안 됩니다.

감사와 기쁨은 과장되지 않은 삶에서 온다

일확천금을 노리며 허망한 일을 좇을 때 우리는 불행해집니다. 돈을 버는 게 잘못은 결코 아닙니다. 그러나 삶에서 감사와 기쁨이 사라지고 있다면 돈을 버는 방식이 잘못되어 있는 건 아닌지 점검해 보아야 합니다.

저는 감사와 기쁨이란 과장되지 않은 삶에서 찾아오는 것이라고 믿습니다. 하나님이 우리 모두를 동일하게 만들지 않으시고, 우리 각자를 향한 계획이 다르다면, 우리가 보아야 할 것은 남과 비교되는 내가 아니라 내 삶을 향한 하나님의 계획이 아닐까요?

우리가 감사를 잊고 사는 이유는 내 삶의 계획이 계획으로 보이지 않기 때문이 아닐까요?

제가 세상물정 모르는 이야기를 좀 하겠습니다.

아마도 많은 사람들이 내 집값이 오르기를 기대할 것입니다. 하지만 집값이 올라 이익을 보는 사람이 있다면 손해를 보는 사람도 있다는 사실을 잊지 말아야 합니다. 아무리 기도를 열심히 하고, 신앙생활을 열심히 해도 내가 사는 집값만 오르는 일은 없습니다.

집값이 오르길 바라는 욕망, 자식이 좋은 대학에 가는 바람만을 가지고 살아간다면 우리는 기쁨과 감사를 고백하기가 힘듭니다. 저는 집값이 오를 것을 기대해서 집을 사기보다는 내 삶을 가치 있고 윤택하게 만들 것을 기대해서 집을 사야 한다고 생각합니다. 돈이 모든 선택의 기준이 되어선 곤란합니다.

제가 담임목사가 될 무렵이었던 것 같습니다. 교회에서 전세를 얻어 주어 성남 야탑동의 장미마을 현대아파트에서 살았습니다. 그때는 집값이 떨어진 상태여서 조금만 돈을 보태면 살 수 있는 상황이었습니다. 아내가 그 집을 사면 어떻겠냐고 했을 때 저는 단호하게 안 된다고 했습니다. 교회에서 준비해 준 집인 데다 빚을 지면서까지 소유하는 것이 옳지 않다고 생각했기 때문입니다.

그 집값이 지금 참 많이 올랐습니다. 그때 아내 말대로 빚을 져서라도 집을 사 두었다면 돈을 많이 벌었을 것입니다. 하지만 후회하지 않습니다. 아쉽지도 않습니다. 오해하지 마세요. 제가 평생 집 없이 살겠단 말은 아닙니다. 저도 은퇴를 비롯해 제 삶을 준비해야 합니다. 그러나 아직은 아니라고 생각합니다. 지금은 제가 목회자의 사명을 감당하는 데 집중하는 것이 가장 중요하다고 생각합니다. 지금 집을 한 채 소유하는 것보다 집 없이 목회하는 것이 제 사명을 감당하는 데 좋습니다. 제 삶의 감사와 축복은 적어도 집의 소유에 있지 않기 때문입니다.

부의 소유와 세상적 원리를 잣대로 비교하고 평가하면 기쁘고 감사할 일이 점점 줄어들 것입니다. 그러나 우리가 하나님이 주신 소명과 사명을 따라 살아갈 때 어떠한 상황에서도 하나님께 감사하며 찬양할 수 있습니다.

하나님께 드릴 향유 옥합은 감사다

하나님이 우리 삶의 중심에 계실 때 드릴 수 있는 것이 감사와 찬양의 기도입니다. 감사는 하나님이 나에게 주신 것에 대한 응답입니다. 찬양은 하나님이 어떤 분인지를 깨달았을 때 생기는 감격의 표현을 담은 기도입니다. 하나님께 감사와 찬양을 드릴 수 있다는 것이 큰 특권입니다.

감사함으로 그의 문에 들어가며 찬송함으로 그의 궁정에 들
어가서 그에게 감사하며 그의 이름을 송축할지어다 시 100:4

감사함으로 문을 열고 찬송함으로 궁정에 들어갈
수 있습니다. 여호와의 문으로 들어가는 감사의 기도
는 좋은 환경으로 변화했다고 해서 나오는 것이 아니
라 주님의 은혜를 체험한 고백에서 나오는 것입니다.
감사와 찬양의 기도는 하나님과 아주 친밀한 관
계에 있는 사람이 드릴 수 있습니다. 우리가 하나님
께 드려 그분을 기쁘게 할 수 있는 물질은 없습니다.
단지 그분의 은혜를 인정하고 감사하며 찬양하는 마
음이 그분을 기쁘게 할 뿐입니다. 제물과 선물, 헌금
은 단지 마음의 표현일 뿐입니다. 이런 것들의 가치
는 오로지 마음이 담겨 있을 때뿐입니다.
연말이면 여러 사람들한테서 연하장이 옵니다.
심지어 대통령에게서도 옵니다. 하지만 직접 손으로

적어서 사탕 하나 붙인 우리 교회 아이들이 보낸 카드만큼 감동적이지 않습니다. MMP(Manna Mission Plan, 미자립교회의 건강한 부흥과 성장을 위해 지원하는 사역)를 마쳤을 때 정선에 있는 한 어린아이가 카드와 함께 과자와 사탕 바구니를 보냈을 때 얼마나 감격스럽던지요. 청와대에서 보내온 설 선물도 그런 감동을 주지 못했습니다. 이유는 하나, 마음이 느껴지고 느껴지지 않는 것의 차이입니다.

하나님은 우리가 진심으로 감사할 때 기뻐하십니다. 그리고 우리가 감사할 때 하나님과 깊은 교제 속으로 들어가게 됩니다. "그 문으로", 하나님이 계시는 곳으로, 하나님이 거하시므로 동행할 수 있는 곳으로 들어가는 것입니다. 우리가 어떠한 상황에서도 감사하는 그 고백을 하나님이 귀하게 받으시고 기뻐하십니다.

누가복음 17장 12절 이하에 보면 예수님께 고침 받은 열 명의 나병환자 이야기가 나옵니다.

사마리아와 갈릴리 사이를 지나 예루살렘으로 향

하던 예수님에게 열 명의 나병환자가 "불쌍히 여기소서" 하고 소리를 지르며 찾아왔습니다. 그러자 예수님은 고쳐 주겠다 하지 않고 "제사장들에게 너희 몸을 보이라"고만 하셨습니다. 열 명의 나병환자가 예수님의 말씀을 따라 제사장에게 가는 길에 병이 고침받은 것을 깨달았습니다. 이때 아홉 명은 그 길로 집으로 돌아갔지만, 한 명은 예수님께 돌아와 감사하다고 말했습니다.

그 한 사람이 '사마리아인'이라고 언급한 것을 보면 나머지 아홉 명은 유대인이었던 것 같습니다. 따지고 보면, 다른 아홉 사람은 그 사마리아인보다 상황이 그나마 나았습니다. 나병에 걸리기 전까지는 제대로 대우를 받았을 것이고, 고침받은 뒤에도 정상적인 생활로 돌아갈 것입니다. 하지만 사마리아인은 병이 발명하기 전에도, 병을 고침받은 뒤에도 여전히 아웃사이더로 살아가야 합니다.

예수님은 이 한 사람의 감사로 크게 감동하셨습니다. 그런데 이것은 거꾸로 말하면 나머지 아홉 사람에게 예수님이 실망하셨다는 의미가 됩니다. 예수님은 이 한 사람에게 병이 나았을 뿐 아니라 구원을 받았다고 선언하셨습니다.

예수님 앞에서 값비싼 향유 옥합을 깨뜨린 여인의 헌신을 기억하나요(눅 7:37-38)? 주변 사람들은 여인이 너무 낭비하는 것 아니냐고 수군거렸지만, 예수님은 그 여인에게 크게 감동하셨습니다. 어떤 조건이 맞아서 감사와 기쁨과 찬양을 드리는 게 아닙니다. 나를 위해 십자가를 지신 주님을 바라보며 감격하는 것, 주님 손에 박힌 못 자국을 바라보며 감사하는 고백을 하나님이 기쁘게 받으십니다.

그 여인은 온 동네가 다 아는 죄인이었습니다(눅 7:37). 동네 사람들에게 경멸의 대상이었을 것입니다. 그녀는 부끄러워 사람들을 피해 다녔을 것입니다. 그런데 이 여인의 감사를 보시고 예수님이 "네 죄 사함을 받았느니라"(눅 7:48)고 선언하셨습니다.

오늘날 예수님이 우리에게 바라시는, 가장 기뻐하시는 기도가 무엇일까요?

못 자국 난 주님의 손을 붙들고 마음속 깊이 "주님 감사합니다. 주님을 송축합니다. 주님을 찬양합니다"라고 기도하는 것입니다.

감사하면 막힌 담이 뚫린다

조금만 생각하면 감사한 일들이 얼마나 많은지요. 사실 잃어버린 것보다 얻은 것이 더 많지 않습니까?

누군가를 돕다가 실족하는 사람이 많습니다. 열 번 도와주다가 한 번 돕지 않으면 한순간에 적이 되기 때문입니다. 남을 위해 열 번이나 손해를 감수하고 도왔다면 그 자체로 감사해야 하지 않습니까? 하지만 매번 도움을 받는 사람은 당연한 것으로 여겨 감사하지 않습니다. 사실 우리가 뭔가를 바라고 돕는 것은 아닙니다. 그런데도 상대방에게서 감사의 말을 들으면 기분이 좋습니다. 감사의 말을 듣는다고 달라지는 건 아무것도 없습니다. 그런데도 기쁩니다.

우리가 무엇으로 하나님께 보상할 수 있겠습니까? 그러나 하나님을 기쁘시게 할 수는 있습니다. "감사합니다, 하나님. 제가 주님을 찬양합니다. 지금까지 저의 인생을 이끌어 주시고, 제 가족을 지켜 주신 하나님의 은혜에 진심으로 감사합니다"고백할 때 주님이 기뻐하십니다. 주님은 감사를 드리는 우리의 마음을 소중하게 여기십니다.

우리가 그분을 알아준다고 달라지는 것은 없습니다. 그럼에도 감사하고 찬양하는 우리의 성숙을 보시고 하나님이 기뻐하십니다. 자식이 철든 것을 확인하고 기뻐하는 부모처럼 하나님은 우리의 영적 성숙을 보고 기뻐하십니다.

그런데 하나님을 향한 우리의 찬양을 방해하는 것들이 있습니다.

첫째는 부주의함입니다. 바쁜 일상 가운데서 하나님의 손길을 느끼지 못하는 것이지요. 뿐만 아니라 하나님의 섭리를 무시하기도 합니다. 이 부주의함이 하나님께 감사하는 것을 잊어버리게 합니다.

둘째는 탐욕입니다. 한때 〈타짜〉라는 영화가 히트를 쳤습니다. 도박을 하는 사람들의 문제는 절대로 만족이 없다는 것입니다. 어느 정도 돈을 따면 일어나야 하는데, 결국 모든 것을 잃을 때까지 일어나지 못하는 것이 인간의 심리입니다. 이 탐욕이 감사를 모르게 만듭니다. 마음에 탐욕이 들어가면 감사가 사라집니다.

지금 너무 힘들고 어렵습니까? 지금까지 나를 인도하신 하나님의 은혜를 생각해 보십시오. 과거에도 힘든 상황에서 건져 주신 하나님, 세밀한 음성으로 말씀해 주신 하나님, 주의 길로 인도하기 위해 때론 채찍을 들어야 했던 하나님…. 받은 복을 세어 보십시오. 광야 같은 내 인생길에서 떠나지 않고 나와 함께하셨던 하나님이 주신 복을 세어 보십시오. 그리고 억지로라도 찬양과 감사를 해보십시오. 막힌 것이 뚫립니다. 감사가 회복됩니다.

감사와 찬양의 기도를 하면 우리의 마음이 은혜

와 사랑으로 가득해집니다. 그리고 마음이 따뜻해집니다.

> 내가 주를 찬양할 때에 나의 입술이 기뻐 외치며 주께서 속
> 량하신 내 영혼이 즐거워하리이다 시 71:23

찬양할 때 육체의 질병과 마음의 상처가 치유되는 기적이 일어나는 것은 하나도 이상하지 않습니다. 기도를 통해 하나님의 영으로 충만해지면 병이 낫는 것처럼, 찬양을 통해서도 똑같은 일이 일어날 수 있습니다.

무엇보다 감사와 찬양을 하면 우리의 영혼이 흥겨워지고 마음이 밝아지며 생기가 넘치게 됩니다.

몇 해 전 분당에서 있었던 토요일 가요콘서트에 갔다가 깨달은 것이 있습니다. 예배 시간에 귀찮더라도 '아멘'을 하고, 찬양을 따라 해야 한다는 것입니다.

저는 교인들에게 아멘을 시킨다거나 억지로 예배 분위기를 만드는 것을 달갑게 생각하지 않았습니다.

마음이 동해야 하는 것이라고 생각했습니다. 하지만 그날 가요콘서트에서 가수들이 계속해서 박수 치라고, 환호성을 지르라고 했습니다. 유독 제가 싫어하는 것들입니다. 아마도 사람이 너무 적어 흥이 나지 않았던 모양입니다. 그런데 놀랍게도 억지로라도 박수 치고 환호성을 지르다 보니 흥이 났습니다. 분위기도 달라졌습니다.

감사와 찬양은 최적의 상황과 환경에서 하는 것이 아닙니다. 도리어 감사와 찬양을 함으로써 우리 삶이 최적의 상황과 환경으로 바뀌게 됩니다. 그래서 일부러라도 감사를 표현해야 합니다.

그런 점에서 감사와 찬양은 훈련입니다. 내가 하고 싶어서 하는 감사와 찬양이라면 못할 사람이 누가 있겠습니까? 그러나 힘든 상황에서도 감사와 찬양을 하는 훈련이 필요합니다.

언젠가 우리 교회에서 감리교신학대학교 목회상담연구소 소장인 안석모 교수님의 강의가 있었습니다. 우리 건강의 문제는 '기가 막히는 것'이라는 말이 매우 인상 깊었습니다. 세포와 세포 사이를 전달하는 정보시스템에 문제가 생기면, 그것이 바로 암세포가 된다고 합니다. 그리고 스트레스를 받거나 현실을 인정하지 못하거나 좌절을 느낄 때 시스템에 문제가 생긴다고 합니다.

대통령이 아무리 피곤해도 비서실장보다 병에 덜 걸립니다. 담임목사가 아무리 바빠도 부목사가 감기에 더 많이 걸립니다. 왜 그렇습니까? 일을 자의로 하느냐, 타의로 하느냐의 차이 때문입니다.

감사와 찬양의 훈련은 우리의 기를 뚫어 줍니다. 하나님의 섭리 속에 들어가 있기 때문입니다. 감사를 고백했을 때 하늘 문이 열립니다.

감사와 찬양이 우리의 입을 통해 울려 퍼지면, 막혔던 체증이 다 뚫리게 되어 있습니다. 우리의 입술을 통하여 감사와 찬양의 고백이 울려 퍼진다면 하나님이 매우 기뻐하실 것입니다. 그리고 고침받은 나병환자에게 하신 것처럼, 향유 옥합을 깨뜨린 여인에게 하신 것처럼, 우리에게 구원을 선포하실 것입니다.

"그래 되었다. 내 마음이 기쁘다"라고 우리의 삶을 인정하실 것입니다.

감사와 찬양을 드리는 우리의 입술을 통해서 병마도 물러가게 될 것입니다. 걱정 근심이 물러가게 될 것입니다. 우리를 가로막던 모든 영적인 문제가 물러갈 것입니다.

감사의 기도를 드리십시오. 여호와를 송축하십시오. 환경이나 상황은 감사하고 송축하는 데 문제가 되지 않습니다. 나병을 고침받고서 돌아와 예수님께 감사한 그 한 사람이 되시기 바랍니다.

감사와 찬양기도 매뉴얼

❶ 성숙한 신앙인으로서 매일 꾸준히 감사와 찬양기도를 드리십시오.

❷ 감사와 찬양을 표현할 수 있는 여러 가지 방법을 찾아보십시오(춤, 환호, 노래, 연주 등).

❸ 실생활에서 감사와 찬양을 훈련하십시오. 구체적인 감사와 찬양의 제목을 적고 입으로 고백하십시오.

❹ 감사와 찬양기도를 통해 마음이 치유되고, 하나님 나라를 경험했다면 그것을 다른 이들에게 나눠 보십시오.

Manual

PRAY ON

나의 감사와 찬양기도

◇◇ 나를 향한 하나님의 계획을 하루의 일상에서 찾아보고 기쁨과 감사와 찬양의 기도를 드립시다.

◇◇ 하나님과 더 깊은 관계로 나아갈 수 있도록 현재 나의 상황과 감사와 찬양을 방해하는 것을 구체적으로 적어보십시오.

영광스러운 하나님!

나의 주 나의 하나님이여! 내 영혼이 주를 찬양하며 주를 송축하나이다. 내 마음 깊은 곳에서 우러나오는 기쁨으로 주님을 찬양합니다. 주님은 만물의 때를 정하시며 인생을 거기에 두셨습니다. 모든 것이 주님의 뜻에 순복하여 움직입니다. 어두운 절망의 순간도 주님의 손에서 희망의 빛으로 변했고, 두려움과 슬픔도 주님 안에서 소망의 기쁨으로 바뀌었습니다. 이 어찌 우리에게 가능한 것이겠습니까? 영원하신 나의 하나님! 영원히 주님만 따르겠나이다. 나의 평생에 선하신 은혜와 사랑으로만 이끌어 주옵소서. 선하신 주님을 찬양합니다. 우리 주 예수 그리스도의 이름으로 기도합니다. 아멘.